वाणी प्रकाशन ग्रुप

भारतीय ज्ञानपीठ

वाणी प्रकाशन : भारतीय ज्ञानपीठ की पुस्तकों के एकमात्र प्रकाशक एवं वितरक

मेरी वाणी गैरिक वसना

धर्मवीर भारती की इकहत्तर प्रतिनिधि कविताएँ

मेरी वाणी गैरिक वसना

धर्मवीर भारती

संचयन : पुष्पा भारती

वाणी प्रकाशन ग्रुप
भारतीय ज्ञानपीठ
वाणी प्रकाशन : भारतीय ज्ञानपीठ की पुस्तकों के एकमात्र प्रकाशक एवं वितरक

सजिल्द पहला संस्करण : 1999
सजिल्द दूसरा संस्करण : 2024

राष्ट्रभारती
लोकोदय ग्रन्थमाला : ग्रन्थांक 640

प्रकाशक
वाणी प्रकाशन ग्रुप
4695, 21-ए, दरियागंज, नयी दिल्ली-110 002
फ़ोन : 011-23273167, 23275710
ईमेल : sales@vaniprakashan.in

ISBN : 978-93-5775-802-4

मेरी वाणी गैरिक वसना
(कविता)
धर्मवीर भारती

Meri Vaani Gairik Vasna
(Poetry)
by Dharmveer Bharti

मुद्रक : आर. टेक ऑफ़सेट प्रिंटर्स, दिल्ली-110 032

आवरण-चित्र : गौरी त्रिपाठी

Price : INR. 425

यह संचयन

इतने बड़े कवि की कविताओं की भूमिका लिखने का मुझे क़तई कोई अधिकार नहीं है, इसलिए स्वयं भारती जी का ही वक्तव्य भूमिका-रूप में प्रस्तुत किया है।

आपके हाथों में यह संकलन बहुत संकोच के साथ अर्पित कर रही हूँ। संकोच इसलिए कि मालूम नहीं भारती जी की समस्त कविताओं में से कुछ को चुनने का हक़ मुझे था भी या नहीं। नहीं, मैं दिखावे के लिए विनम्र नहीं होना चाह रही। ऐसा नहीं है कि मुझे अच्छी कविता की पहचान नहीं है। संकोच इसलिए है कि भारती जी का लिखा हर शब्द मुझे बेहद प्रिय है–शायद अन्धभक्ति की सीमा तक प्रिय है। इसलिए क्या चुनना है, क्या छोड़ना है वाला विवेक पता नहीं मुझे मिल पाया है या नहीं। क्या करूँ मैं कि उनकी हर कविता में मुझे उनकी छुवन महसूस होती है, उनकी धड़कन सुनाई देती है। खुद पर क़ाबू करके जितना जैसा संचयन कर सकी हूँ–स्वीकार कीजिए।

हृदय से आभारी हूँ भाई पद्मधर त्रिपाठी की, जिन्होंने बड़ी आत्मीयता से मुझे लगभग बाध्य किया इस काम में जुट जाने के लिए। वस्तुतः यह संकलन पद्मधर जी का ही स्वप्न है–मैंने तो केवल कुछ रंग भरे हैं–बस!

भारती जी की यशःकाया तो अमर है, किन्तु शारीरिक उम्र उनकी इकहत्तर वर्ष की थी–अतः संकलन में इकहत्तर कविताएँ ही चुनी गयी हैं।

भारती जी का तिहत्तरवाँ जन्म दिवस
25 दिसम्बर 1999

–पुष्पा भारती

अनुक्रम

सिर्फ़ कविता ही बचा सकती है
(भूमिकावत्)

कविता, अगर वह सच्ची सम्पूर्ण कविता है, तो वह अपने में सम्पूर्ण कथ्य होती है। जो कुछ, जितना कुछ कहना हो, वह सारा का सारा कह देती है। उसके बाद कहने को बचता क्या है। सम्पूर्ण की रचना कर चुकने के बाद शब्द शेष कहाँ रहते हैं। जो कुछ कहना था कविताओं में कहा जा चुका। अब और क्या कहे कवि?

लेकिन कुछ तो कहना ही है, इस 'पूर्ण सृजन' की आड़ लेकर। मैं बचकर निकल नहीं सकता; क्योंकि पूर्ण की जो व्याख्या श्रुतियों में है वह तो यह कहती है कि "पूर्ण मदः पूर्ण मिदम् पूर्णात् पूर्णमुदच्यते, पूर्णस्य पूर्णमादाय पूर्ण मेवावशिष्यते! यानी पूर्णत्व में पूर्ण प्रदान कर चुकने के बाद भी पूर्ण ज्यों-का-त्यों पूर्ण बच जाता है।" शून्य नहीं होता, निःशेष नहीं होता।

इस संकटपूर्ण स्थिति में मेरे पास और कोई रास्ता नहीं बचता कि मैं फिर अपनी ही कविता के पास लौटूँ। जिसे मैंने रचा है, वही शायद अब मेरे लिए कोई राह रचे। मेरे 'क्योंकि' शीर्षक कविता की आख़िरी पंक्तियाँ हैं :

इसलिए तलवार टूटी, अश्व घायल
कोहरे डूबी दिशाएँ,
कौन दुश्मन, कौन अदने लोग
सब कुछ धुन्ध-धूमिल

किन्तु क़ायम युद्ध का संकल्प है
अपना अभी भी
क्योंकि है सपना अभी भी

यह कौन सपना है, जिसके लिए कवि न केवल युद्धरत है, बल्कि इस क़दर समर्पित है कि सब कुछ धुन्ध-धूमिल हो जाने के बाद भी, पक्ष-विपक्ष की पहचानें खो जाने के बाद भी युद्ध करते रहने के लिए संकल्पशील है?

और यह युद्ध कैसा है? किसके ख़िलाफ़ है? कौन से व्यूह हैं इस युद्ध के? इसके शस्त्रागार कहाँ हैं? कहाँ से मिलती है इसमें लड़ते ही रहने की शक्ति? उससे कविता का सरोकार क्या है? कविता इस युद्ध में क्या है? रणक्षेत्र है? शस्त्रागार है, हथियार है? विजय की उपलब्धि है? या पराजय का अर्थ है?

यह युद्ध—मानव-मात्र में दिनों-दिन कम होती जाती, लुप्त होती हुई मानवीयता को बचाने का युद्ध। मानवीयता को उसकी पूर्णता में, विस्तार में, गहराई में पुनःप्रतिष्ठित करने के लिए लड़ा जानेवाला युद्ध। आज अन्धी लालसा की चूहा-दौड़, भौतिक समृद्धि को ही अन्तिम ध्येय मान लेने का छद्म परितोष, इन्द्रिय-सुख और अधिकार-सुख को सच्चे आन्तरिक आनन्द का पर्याय मान लेने का आत्म-छल, मानवीय रिश्तों में पारस्परिक सद्भाव, स्नेह, करुणा और मैत्री के बजाय एक-दूसरे को पराभूत कर उनका शोषण करने की राक्षसी वृत्ति, कुल मिलाकर मनुष्य की सारी बाहरी और अन्दरूनी ज़िन्दगी में से मनुष्यत्व को ख़त्म कर डालने का व्यापक षड्यन्त्र!

इस अभूतपूर्व संकट से कविता नहीं लड़ेगी, तो और कौन लड़ेगा? मानवीयता को मुक्त कराने के जो सपने उन्नीसवीं शताब्दी और बीसवीं शताब्दी के आरम्भ में देखे गये—चाहे वह राजनीतिक ताक़तों ने हिंसक राज्य-क्रान्तियों के रूप में देखे हों, या आर्थिक चिन्तकों ने वर्ग-संघर्ष के रूप में देखे हों, या आध्यात्मिक आचार्यों ने महामानव या सुपरमैन के अवतरण के रूप में देखे हों—उन सब ने थोड़ा हौसला दिया, मगर धीरे-धीरे उन्हीं की कमज़ोरियाँ उजागर होने लगीं,—पर हम फ़रेब खाते गये, और नतीजा यह हुआ कि बीसवीं शताब्दी के इस अन्तिम दशक में हम एक ऐसे अतल गह्वर की दहलीज पर आ खड़े हैं कि उसमें डूबे; फिर हमारा निस्तार नहीं। अगर हम बच सकते हैं तो अब कविता के हस्तक्षेप से बच सकते हैं। हमारे पास रोबोट हों, अणु अस्त्र हों, सुपर कम्प्यूटर हों पर अन्दर की, आत्मा की 'गली तो चारों बन्द हुई'। बचती है सिर्फ़ कविता जो बचाने की शक्ति रखती है। कविता ही वह संजीवनी है जो सुकुमार संवेदनाएँ जगाकर, अन्तर्जगत् को आलोकित कर मूर्च्छित मानव-मूल्यों को फिर से प्रतिष्ठित कर सकती है। लक्ष्यहीन भटकन और

आत्मविनाश के पथ से हटाकर मनुष्य के सहज स्वाभाविक विकास को सार्थक सोद्देश्य दिशा प्रदान कर सकती है और संकटों, विडम्बनाओं के बावजूद उसे सही दिशा में अग्रसर होने का साहस और संकल्प दे सकती है। समूह में गठित सारे मानव-समाज को भी, और पीछे छूट गये, अलग-थलग पड़े निराश व्यक्ति को भी। इस आलोकहीन क्षण में कवि ही कह सकता है—

पन्थ होने दो अपरिचित प्राण रहने दो अकेला
अन्य होंगे चरण हारे
और हैं जो लौटते, दें शूल को संकल्प सारे
दुःख व्रती निर्माण-उन्मद
ये अमरता नापते पद
बाँध देंगे अंकसंसृति से तिमिर में स्वर्णवेला

आज के घनघोर अन्धकार में, सूर्य के सम्पूर्ण राहुग्रस्त हो जाने के क्षण में भी तिमिर में स्वर्णवेला बाँधने का ओजस्वी आश्वासन और कौन दे सकता है सिवा कवि के, सिवा निर्माण उन्मद साहित्य सर्जक के!

आप पूछ सकते हैं कि क्या यह कवि का केवल बड़बोलापन नहीं—अतिरंजित आत्मश्लाघापूर्ण झूठ-झूठ का दावा? जिसके पास राजनेता की न शक्ति है न सत्ता, न सेनाओं के अस्त्र-शस्त्र, न काले कुबेरों की अतुल धनराशि, वह किस मुँह से इतना बड़ा दावा कर रहा है? आपका सवाल अपनी जगह असंगत नहीं, वर्तमान स्थितियों को देखते हुए यह शंका स्वाभाविक है। पर एक बात, सिर्फ़ एक बात का जवाब दीजिए—व्यास के पास काव्य-संवेदना, जीवन-दृष्टि और शब्दशक्ति के अलावा और क्या था? कोई राज सिंहासन था? कोई सेना थी? कोई ब्रह्मास्त्र था? कोई कुबेर का स्वर्ण-भण्डार था? नहीं—उनके पास केवल कविता थी। जीवन की सुन्दर से सुन्दर और कुरूप से कुरूप—हर स्थिति को स्वीकारने की क्षमता, उसकी अतल गहराइयों में डूबकर केवल दृश्यमान यथार्थ नहीं, बल्कि अन्तर्निहित सत्य को अवगाहने की क्षमता और अपनी अनुभूतियों को ऐसे सार्थक शब्द देने की क्षमता कि वे हज़ारों-हज़ारों साल बाद भी हमारे मर्म को स्पर्श ही नहीं करते आलोड़ित करते हैं, हममें स्वधर्म को पहचानने की शक्ति देते हैं, और सारे संकटों के बीच भी हममें मानव-भविष्य के निर्माण के लिए अपना सब-कुछ होम कर देने का साहस और आस्था जगाते हैं। महाभारत में उन्होंने बताया कि सारे जीवन-मूल्य ध्वस्त हो चुके थे, अन्तिम परिणति कृष्ण द्वारा स्वेच्छामरण का वरण। —उनके अवसान के क्षण में ही द्वापर समाप्त होता है और कलियुग का अवतरण होता है। तथाकथित कलियुग में हज़ारों साल तक महाभारत के विविध प्रसंग और विशेषतः गीता प्रेरणा देती रही।

उस पुराने इतिहास को हम छोड़ भी दें—तो भी हम कैसे भूल सकते हैं कि निकट अतीत में 'स्वराज्य हमारा जन्मसिद्ध अधिकार है' की सिंहगर्जना करनेवाले लोकमान्य तिलक की प्राण-पुस्तक थी गीता और ब्रिटिश कारागारों में 'गीता रहस्य' लिखकर वे अपने साहस को प्रदीप्त रख सके। हम कैसे भूल सकते हैं बंगाल के उन वीर क्रान्तिकारी युवकों को जिन्होंने हाथ में गीता लेकर हँसते-हँसते फाँसी का फन्दा अपने गले में डाल लिया था। हम कैसे भूल सकते हैं कि राष्ट्रीय संग्राम के एक चरम निराशाजनक दौर में गाँधीजी सब छोड़-छाड़कर हिमालय की एक बहुत शान्त सुन्दर घाटी कौसानी में जाकर चुपचाप गीता पढ़ते रहे, उन्हीं दिनों उन्होंने 'गीता माता' और 'अनासक्ति योग' नामक ग्रन्थ लिखे। वहाँ से अतुल आत्मबल लेकर लौटे, और सत्याग्रह का अपराजेय अहिंसात्मक संग्राम का ऐसा पांचजन्य फूँका कि जिस ब्रिटिश साम्राज्य में कभी सूर्यास्त नहीं होता था, उससे निहत्थे लड़ते रहे, लड़ते रहे। अन्त में पूरे भारत में आत्मबल जाग उठा, देश की नियति बदल गयी और अपार शक्तिवाला उपनिवेशवाद त्राहि-त्राहि कर उठा। गाँधी ने देश की नियति बदल दी, सारे अफ्रीका और एशिया का इतिहास ही नहीं भूगोल भी बदल दिया। और कैसे भूल सकते हैं विनोबा को। वर्षों के गीता अवगाहन के बाद गीताई या गीता-प्रवचन का सम्बल लेकर अकेले निकल पड़े पैदल सारे देश की पद-यात्रा पर, धरती के असमान वितरण को दूर कर धरती माता को धरती-पुत्रों से जोड़ने का अखण्ड व्रत लेकर। सच तो यह है कि यह देश जिसमें हम पैदा हुए—उसकी सीमाएँ राजवंशों ने नहीं बाँधीं, एक कवि ने ही बाँधा जिसका नाम था—व्यास।

यह बात मैं ही नहीं कह रहा हूँ। मलयालम के महाकवि स्वर्गीय जी. शंकर कुरुप ने अपने प्रथम ज्ञानपीठ पुरस्कार भाषण में कहा था, "भारत के नाद थे—वाल्मीकि, व्यास और कालिदास। आज वह नाद कहाँ है? कुछ लोगों को यह कहते हुए सुनता हूँ कि अँग्रेज़ी साम्राज्य के शक्तिशाली हाथों ने ही भारत को एक राष्ट्र बना डाला। मैं इससे सहमत नहीं हो सकता। असल में भारत की प्रवृत्ति को, भूगोल विज्ञान को, इतिहास और जीवन-दर्शन को, लोक-कथाओं और दन्तकथाओं को सम्मिलित कर समग्रता और एकाग्रता के साथ महाभारत की रचना करनेवाले व्यास देव ने ही अखण्ड भारत को प्राण, रूप और चेतना प्रदान की थी। कहाँ हैं वे नाद आज?"

सो, मित्रो यह देश तो अनूठा है। मन्त्रद्रष्टा, ऋषिवत् कवि का निर्माण—अरुण यह मधुमय देश हमारा—जहाँ पहुँच अनजान क्षितिज को मिलता एक सहारा—अब अनजान क्षितिजों में खोते हुए इस देश का पुनर्निर्माण, इसकी पुनःप्रतिष्ठा भी व्यास के उत्तराधिकारियों का दायित्व है। हम उस उत्तराधिकार का निर्वाह कर सकें, कविता

की अस्मिता को फिर से युगनिर्माण की क्षमता दे सकें, तभी सार्थकता है सम्मानों की, अलंकरणों की, पुरस्कारों की। मैं तो बहुत छोटा हूँ, व्यास तो दूर, महादेवी, पन्त, प्रसाद और निराला के पाँवों की धूल भी नहीं, पर इतना ज़रूर है कि उनके ऋण के चुकाने के लिए जिस धरती ने जन्म दिया, जिस संस्कृति ने दृष्टि और संस्कार दिये उनके प्रति पूर्ण समर्पण व्यक्त करने के लिए मेरे पास शब्द ही हैं—कविता के शब्द। उन शब्दों का खरापन बना रहे, वे अन्तरात्मा के संकेतों पर संयोजित हों, कोई निन्दा मुझे विचलित न करे, कोई सम्मान मुझमें मिथ्या अहंकार न जगाये, अन्त तक सत्य की खोज करता रहूँ, पाये हुए सत्य को आप तक सही-सही सम्प्रेषित करता रह सकूँ, इसी का आशीर्वाद ईश्वर से माँगता हूँ। अन्त में सम्पूर्ण श्रद्धा सहित हाथ-जोड़ कर व्यास को प्रणाम करता हूँ। वे सदा असत्य से विरत कर सत्य की ओर मुझे लेते चलें—

असतो मा सदगमय, तमसो मा ज्योतिर्गमय
मृत्योर्मा अमृतम् गमय!

मुम्बई
10 नवम्बर, 1995

मेरी वाणी गैरिक वसना

॥ 'ठण्डा लोहा' से ॥

ठण्डा लोहा

ठण्डा लोहा! ठण्डा लोहा! ठण्डा लोहा!
मेरी दुखती हुई रगों पर ठण्डा लोहा!
मेरी स्वप्न-भरी पलकों पर
मेरे गीत-भरे होठों पर
मेरी दर्द-भरी आत्मा पर
स्वप्न नहीं अब
गीत नहीं अब
दर्द नहीं अब–
एक पर्त ठण्डे लोहे की!
मैं जमकर लोहा बन जाऊँ–
हार मान लूँ–
यही शर्त ठण्डे लोहे की!

ओ मेरी आत्मा की संगिनि!
तुम्हें समर्पित मेरी साँस-साँस थी लेकिन
मेरी साँसों में यम के तीख़े नेजे-सा
कौन अड़ा है?
ठण्डा लोहा!

मेरे और तुम्हारे सारे भोले निश्छल विश्वासों को
आज कुचलने कौन खड़ा है?
ठण्डा लोहा!
फूलों से, सपनों से, आँसू और प्यार से
कौन बड़ा है?
ठण्डा लोहा!
ओ मेरी आत्मा की संगिनि!
अगर ज़िन्दगी की कारा में,
कभी छटपटाकर मुझको आवाज़ लगाओ
और न कोई उत्तर पाओ
यही समझना कोई इसको धीरे-धीरे निगल चुका है,
इस बस्ती में कोई दीप जलानेवाला नहीं बचा है,
सूरज और सितारे ठण्डे
राहें सूनी
विवश हवाएँ
शीश झुकाये
खड़ी मौन हैं,
बचा कौन है?

ठण्डा लोहा! ठण्डा लोहा! ठण्डा लोहा!

तुम्हारे चरण

ये शरद के चाँद-से उजले धुले-से पाँव,
    मेरी गोद में!
ये लहर पर नाचते ताजे कमल की छाँव,
    मेरी गोद में!
दो बड़े मासूम बादल, देवताओं से लगाते दाँव,
    मेरी गोद में!

    रसमसाती धूप का ढलता पहर,
ये हवाएँ शाम की, झुक-झूमकर बरसा गयीं
    रोशनी के फूल हरसिंगार-से,
    प्यार घायल साँप-सा लेता लहर,
अर्चना की धूप-सी तुम गोद में लहरा गयीं,
ज्यों झरे केसर तितलियों के परों की मार से,
    सोनजूही की पँखुरियों से गुँथे, ये दो मदन के बान,
    मेरी गोद में!
हो गये बेहोश दो नाज़ुक, मृदुल तूफ़ान,
    मेरी गोद में!

    ज्यों प्रणय की लोरियों की बाँह में,
झिलमिलाकर औ' जलाकर तन, शमाएँ दो,
अब शलभ की गोद में आराम से सोयी हुईं
    या फ़रिश्तों के परों की छाँह में
दुबकी हुई, सहमी हुई, हों पूर्णिमाएँ दो,
देवताओं के नयन के अश्रु से धोयी हुईं।
चुम्बनों की पाँखुरी के दो जवान गुलाब,
    मेरी गोद में!

सात रंगों की महावर से रचे महताब,
मेरी गोद में!

ये बड़े सुकुमार, इनसे प्यार क्या?
ये महज आराधना के वास्ते,
जिस तरह भटकी सुबह को रास्ते
हरदम बताये हैं रुपहरे शुक्र के नभ-फूल ने,
ये चरण मुझको न दें अपनी दिशाएँ भूलने!
ये खँडहरों में सिसकते, स्वर्ग के दो गान, मेरी गोद में!
रश्मि-पंखों पर अभी उतरे हुए वरदान, मेरी गोद में!

प्रार्थना की कड़ी

प्रार्थना की एक अनदेखी कड़ी
बाँध देती है
तुम्हारा मन, हमारा मन,
फिर किसी अनजान आशीर्वाद में—
डूबकर
मिलती मुझे राहत बड़ी!

प्रात सद्यःस्नात
कन्धों पर बिखेरे केश
आँसुओं में ज्यों
धुला वैराग्य का सन्देश
चूमती रह-रह
बदन को अर्चना की धूप
यह सरल निष्काम
पूजा-सा तुम्हारा रूप
जी सकूँगा सौ जनम अँधियारियों में, यदि मुझे
मिलती रहे
काले तमस् की छाँह में
ज्योति की यह एक अति पावन घड़ी!
प्रार्थना की एक अनदेखी कड़ी!

चरण वे जो
लक्ष्य तक चलने नहीं पाये
वे समर्पण जो न
होठों तक कभी आये
कामनाएँ वे नहीं

जो हो सकीं पूरी—
घुटन, अकुलाहट,
विवशता, दर्द, मजबूरी—
जन्म-जन्मों की अधूरी साधना, पूर्ण होती है
किसी मधु-देवता
की बाँह में!
ज़िन्दगी में जो सदा झूठी पड़ी—
प्रार्थना की एक अनदेखी कड़ी!

उदास तुम

तुम कितनी सुन्दर लगती हो
जब तुम हो जाती हो उदास!
ज्यों किसी गुलाबी दुनिया में सूने खँडहर के आसपास
मदभरी चाँदनी जगती हो!

मुँह पर ढँक लेती हो आँचल
ज्यों डूब रहे रवि पर बादल,
या दिन-भर उड़कर थकी किरन,
सो जाती हो पाँखें समेट, आँचल में अलस उदासी बन!
दो भूले-भटके सान्ध्य-विहग, पुतली में कर लेते निवास!
तुम कितनी सुन्दर लगती हो
जब तुम हो जाती हो उदास!

खारे आँसू से धुले गाल
रूखे हलके अधखुले बाल,
बालों में अजब सुनहरापन,
झरतीं ज्यों रेशम की किरनें, संझा की बदरी से छन-छन!
मिसरी के होठों पर सूखी किन अरमानों की विकल प्यास!
तुम कितनी सुन्दर लगती हो
जब तुम हो जाती हो उदास!

भँवरों की पाँतें उतर-उतर
कानों में झुककर गुनगुनकर
हैं पूछ रहीं—'क्या बात सखी?

उन्मन पलकों की कोरों में क्यों दबी ढँकी बरसात सखी?
चम्पई वक्ष को छूकर क्यों उड़ जाती केसर की उसाँस?'
तुम कितनी सुन्दर लगती हो
ज्यों किसी गुलाबी दुनिया में सूने खँडहर के आसपास
मदभरी चाँदनी जगती हो!

फागुन की शाम

घाट के रस्ते
उस बँसवट से
इक पीली-सी चिड़िया
उसका कुछ अच्छा-सा नाम है!

मुझे पुकारे!
ताना मारे,
भर आएँ आँखड़ियाँ!
उन्मन, ये फागुन की शाम है!

घाट की सीढ़ी तोड़-फोड़ कर बन-तुलसा उग आयीं
झुरमुट से छन जल पर पड़ती सूरज की परछाईं
तोतापंखी किरनों में हिलती बाँसों की टहनी
यहीं बैठ कहती थी तुमसे सब कहनी-अनकहनी

आज खा गया बछड़ा माँ की रामायन की पोथी!
अच्छा अब जाने दो मुझको घर में कितना काम है!

इस सीढ़ी पर, यहीं जहाँ पर लगी हुई है काई
फिसल पड़ी थी मैं, फिर बाँहों में कितना शरमायी!
यहीं न तुमने उस दिन तोड़ दिया था मेरा कंगन!
यहाँ न आऊँगी अब, जाने क्या करने लगता मन!

लेकिन तब तो कभी न हममें तुममें पल-भर बनती!
तुम कहते थे जिसे छाँह है, मैं कहती थी घाम है!

अब तो नींद निगोड़ी सपनों-सपनों भटकी डोले
कभी-कभी तो बड़े सकारे कोयल ऐसे बोले
ज्यों सोते में किसी विषैली नागिन ने हो काटा
मेरे सँग-सँग अकसर चौंक-चौंक उठता सन्नाटा

पर फिर भी कुछ कभी न ज़ाहिर करती हूँ इस डर से
कहीं न कोई कह दे कुछ, ये ऋतु इतनी बदनाम है!

ये फागुन की शाम है!

बेला महका

फिर,
बहुत दिनों के बाद खिला बेला, मेरा आँगन महका!
फिर पाँखुरियों, कमसिन परियों
वाली अल्हड़ तरुणाई,
पकड़ किरन की डोर, गुलाबों के हिंडोर पर लहरायी,
जैसे अनचित्ते चुम्बन से
लचक गयी हो अँगड़ाई,
डोल रहा साँसों में
कोई इन्द्रधनुष बहका-बहका!
बहुत दिनों के बाद खिला बेला, मेरा आँगन महका!

हाट-बाट में, नगर-डगर में
भूले-भटके भरमाये,
फूलों के रूठे बादल फिर बाँहों में वापस आये
साँस-साँस में उलझी कोई
नागिन सौ-सौ बल खाये
ज्यों कोई संगीत पास
आ-आ कर दूर चला जाए
बहुत दिनों के बाद खिला बेला, मेरा मन लहराये!

नील गगन में उड़ते घन में
भीग गया हो ज्यों खंजन
आज न बस में, विह्वल रस में, कुछ ऐसा बेक़ाबू मन,
क्या जादू कर गया नया
किस शहज़ादी का भोलापन

किसी फ़रिश्ते ने फिर
मेरे दर पर आज दिया फेरा
बहुत दिनों के बाद खिला बेला, महका आँगन मेरा!

आज हवाओ नाचो, गाओ
बाँध सितारों के नूपुर,
चाँद ज़रा घूँघट सरकाओ, लगा न देना कहीं नज़र!
इस दुनिया में आज कौन
मुझसे बढ़कर है किस्मतवर
फूलो, राह न रोको! तुम
क्या जानो जी कितने दिन पर
हरी बाँसुरी को आयी है मोहन के होठों की याद!
बहुत दिनों के बाद,
फिर, बहुत दिनों के बाद खिला बेला, मेरा आँगन महका!

मुग्धा

यह पान फूल-सा मृदुल बदन
बच्चों की जिद-सा अल्हड़ मन
तुम अभी सुकोमल, बहुत सुकोमल, अभी न सीखो प्यार!

कुंजों की छाया में झिलमिल
झरते हैं चाँदी के निर्झर
निर्झर से उठते बुदबुद पर
नाचा करतीं परियाँ हिलमिल
उन परियों से भी कहीं अधिक
हलका-फुलका लहराता तन!
तुम अभी सुकोमल, बहुत सुकोमल, अभी न सीखो प्यार!

तुम जा सकतीं नभ पार अभी
लेकर बादल की मृदुल तरी
बिजुरी की नव चमचम चुनरी
से कर सकतीं सिंगार अभी
क्यों बाँध रहीं सीमाओं में
यह धूप सदृश खिलता यौवन?
तुम अभी सुकोमल, बहुत सुकोमल, अभी न सीखो प्यार!

अब तक तो छाया है खुमार
रेशम की सलज निगाहों पर
हैं अब तक काँपे नहीं अधर
पाकर अधरों का मृदुल भार

सपनों की आदी ये पलकें
कैसे सह पाएँगी चुम्बन?

तुम अभी सुकोमल, बहुत सुकोमल, अभी न सीखो प्यार!
यह पान फूल-सा मृदुल बदन,
बच्चों की जिद-सा अल्हड़ मन!

मुक्तक

: एक :

ओस में भीगी हुई अमराइयों को चूमता
झूमता आता मलय का एक झोंका सर्द
काँपतीं-मन की मुँदी मासूम कलियाँ काँपतीं
और खुशबू-सा बिखर जाता हृदय का दर्द!

: दो :

ईश्वर न करे तुम कभी ये दर्द सहो
दर्द, हाँ अगर चाहो तो इसे दर्द कहो
मगर ये और भी बेदर्द सज़ा है ऐ दोस्त!
कि हाड़-हाड़ चिटख जाए मगर दर्द न हो!

: तीन :

तप्त माथे पर, नज़र में बादलों को साध कर
रख दिये तुमने सरल संगीत से निर्मित अधर
आरती के दीपकों की झिलमिलाती छाँह में
बाँसुरी रक्खी हुई ज्यों भागवत के पृष्ठ पर

: चार :

फीकी-फीकी शाम हवाओं में घुटती-घुटती आवाज़ें
यूँ तो कोई बात नहीं पर फिर भी भारी-भारी जी है,
माथे पर दुःख का धुँधलापन, मन पर गहरी-गहरी छाया
मुझको शायद मेरी आत्मा ने आवाज़ कहीं से दी है!

बोआई का गीत

कोरस-नृत्य

गोरी-गोरी सोंधी धरती—कारे-कारे बीज
बदरा पानी दे!

क्यारी-क्यारी गूँज उठा संगीत
बोने वालो! नयी फसल में बोओगे क्या चीज़ ?
बदरा पानी दे!

मैं बोऊँगा वीरबहूटी, इन्द्रधनुष सतरंग
नये सितारे, नयी पीढ़ियाँ, नये धान का रंग
बदरा पानी दे!

हम बोएँगी हरी चुनरियाँ, कजरी, मेहँदी—
राखी के कुछ सूत और सावन की पहली तीज!
बदरा पानी दे!

कविता की मौत

लाद कर ये आज किसका शव चले?
और इस छतनार बरगद के तले,
किस अभागिन का जनाजा है रुका,
बैठ इसके पाँयते, गरदन झुका,
कौन कहता है कि
कविता मर गयी?

मर गयी कविता
नहीं तुमने सुना?
हाँ, वही कविता
कि जिसकी आग से
सूरज बना
धरती जमी
बरसात लहरायी
और जिसकी गोद में बेहोश पुरवाई
पँखुरियों पर थमी?
वही कविता
विष्णुपद से जो निकल
और ब्रह्मा के कमण्डल से उबल
बादलों की तहों को झकझोरती
चाँदनी के रजत-फूल बटोरती
शम्भु के कैलास पर्वत को हिला
उतर आयी आदमी की ज़मीं पर,
चल पड़ी फिर मुसकराती
शस्य श्यामल, फूल, फल, फसलें खिलाती,

स्वर्ग से पाताल तक
जो एक धारा बन बही,
पर न आख़िर एक दिन वह भी रही!
मर गयी कविता वही
एक तुलसी पत्र औ'
दो बूँद गंगाजल बिना,
मर गयी कविता, नहीं तुमने सुना?
भूख ने उसकी जवानी तोड़ दी,
उस अभागिन की अछूती माँग का सिन्दूर
मर गया बन कर तपेदिक का मरीज
औ' सितारों से कहीं मासूम सन्तानें,
माँगने को भीख हैं मजबूर!
या पटरियों के किनारे से उठा,
बेचते हैं,
अधजले
कोयले!
याद आती है मुझे
भागवत की वह बड़ी मशहूर बात
जब कि ब्रज की एक गोपी
बेचने को दही निकली,
औ' कन्हैया की रसीली याद में
बिसर कर सुध-बुध
बन गयी थी ख़ुद दही!
और ये मासूम बच्चे भी
बेचने जो कोयले निकले
बन गये ख़ुद कोयले,
श्याम की माया!
और अब वे कोयले भी हैं अनाथ
क्योंकि उनका भी सहारा चल बसा!

भूख ने उनकी जवानी तोड़ दी!
यूँ बड़ी ही नेक थी कविता,

मगर धनहीन थी, कमज़ोर थी,
और बेचारी गरीबिन मर गयी!

मर गयी कविता?
जवानी मर गयी?
मर गया सूरज, सितारे मर गये
मर गये, सौन्दर्य सारे मर गये?
सृष्टि के आरम्भ से चलती हुई
प्यार की हर साँस पर पलती हुई
आदमीयत की कहानी मर गयी?
झूठ है यह!
आदमी इतना नहीं कमज़ोर है!
पलक के जल और माथे के पसीने से
सींचता आया सदा जो स्वर्ग की भी नींव
ये परिस्थितियाँ बना देंगी उसे निर्जीव?

झूठ है यह!

फिर उठेगा वह
और सूरज को मिलेगी रोशनी!
सितारों को जगमगाहट मिलेगी!
कफ़न में लिपटे हुए सौन्दर्य को
फिर किरन की नरम आहट मिलेगी!
फिर उठेगा वह,
और बिखरे हुए सारे स्वर समेट
पोंछ उनसे ख़ून,
फिर बुनेगा नयी कविता का वितान
नये मनु के नये युग का जगमगाता गान!
भूख, ख़ूँरेजी, ग़रीबी हो मगर
आदमी के सृजन की ताक़त
इन सबों की शक्ति के ऊपर
और कविता सृजन की आवाज़ है!
फिर उभर कर कहेगी कविता—

“क्या हुआ दुनिया अगर मरघट बनी,
अभी मेरी आख़िरी आवाज़ बाक़ी है,
हो चुकी हैवानियत की इन्तेहा,
आदमीयत का मगर आगाज़ बाक़ी है!
लो तुम्हें मैं फिर नया विश्वास देती हूँ,
नया इतिहास देती हूँ!
कौन कहता है कि कविता मर गयी?”

निराला के प्रति

वह है कारे कजरारे मेघों का स्वामी
ऐसा हुआ कि
युग की काली चट्टानों पर
पाँव जमा कर
वक्ष तान कर
शीश घुमा कर
उसने देखा
नीचे धरती का ज़र्रा-ज़र्रा प्यासा है,
कई पीढ़ियाँ
बूँद-बूँद को तरस-तरस दम तोड़ चुकी हैं,
जिनकी एक-एक हड्डी के पीछे
सौ-सौ काले अन्धड़
भूखे कुत्तों-से
आपस में
गुँथे जा रहे।
प्यासे मर जाने वालों की
लाशों की ढेरी के नीचे
कितने अनजाने
अनदेखे
सपने
जो न गीत बन पाये
घुट-घुट कर मिटते जाते हैं!
कोई अनजनमी दुनिया है
जो इन
लाशों की ढेरी को

उलट-पलट कर
ऊपर
उभर-उभर आने को
मचल रही है!
वह था कारे कजरारे मेघों का स्वामी
उसके माथे से कानों तक
प्रतिभा के मतवाले बादल लहराते थे
मेघों की वीणा का गायक
धीर-गँभीर स्वरों में बोला :
“झूम-झूम मृदु गरज-गरज घनघोर
राग अमर अम्बर में भर निज रोर।”
और उसी के होठों से
उड़ चलीं गीत की श्याम घटाएँ
पाँखें खोले
जैसे श्यामल हंसों की पातें लहराएँ!

कई युगों के बाद आज फिर
कवि ने मेघों को
अपना सन्देश दिया था
लेकिन किसी यक्ष विरही का
यह करुणा सन्देश नहीं था,
युग बदला था
और आज नव-मेघदूत को
युग-परिवर्तक कवि ने
विप्लव का गुरुतर आदेश दिया था!
बोला वह :
“ओ विप्लव के बादल
घन-भेरी गर्जन से
सजग सुप्त अंकुर
उर में पृथ्वी के, नवजीवन को
ऊँचा कर सिर ताक रहे हैं
ऐ विप्लव के बादल फिर-फिर!”

हर जलधारा
कल्याणी गंगा बन जाए
अमृत बन कर प्यासी धरती को जीवन दे,
औ' लाशों का ढेर बहा कर
उस अनजनमी दुनिया को ऊपर ले आये
जो अन्दर-ही-अन्दर
गहरे अँधियारे से जूझ रही है
और उड़ चले
वे विप्लव के विषधर बादल
जिनके प्राणों में
थी छिपी हुई अमृत की गंगा!
बीते दिन वर्ष मास.......
....
बहुत दिनों पर,
एक बार फिर
सहसा उस मेघों के स्वामी ने यह देखा,
वे विप्लव के काले बादल
एक-एक कर बिन बरसे ही
लौट रहे हैं!
जैसे थककर
सान्ध्य-विहग घर वापस आएँ
वैसे ही वे मेघदूत अब भग्नदूत-से वापस आये!

चट्टानों पर
पाँव जमा कर
वक्ष तान कर
उसने पूछा :
"झूम-झूम कर
गरज-गरज कर
बरस चुके तुम!"
अपराधी मेघों ने नीचे नयन कर लिये
और काँप कर वे यह बोले :

"विप्लव की प्रलयंकर धारा
कालकूट विष
सहन कर सके जो
धरती पर ऐसा मिला न कोई माथा!
विप्लव के प्राणों में छिपी हुई
अमृत की गंगा को
धारण कर लेने वाली
मिली न कोई ऐसी प्रतिभा,
इसीलिए हम नभ के कोने-कोने में
अब तक मँडराये
लेकिन बेबस
फिर बिन बरसे
वापस आये!
ओ हम कारे कजरारे मेघों के स्वामी
तुम्हीं बता दो
कौन बने इस युग का शंकर!
जो कि गरल हँसकर पी जाए
और जटाएँ खोल
अमृत की गंगा को भी धारण कर ले!"

उठा निराला, उन काले मेघों का स्वामी
बोला : "कोई बात नहीं है
बड़े-बड़ों ने हार दिया है कन्धा यदि तो
मेरे ही कन्धों पर होगा
अपने युग का गंगावतरण!
मेरी ही प्रतिभा को हँस कर कालकूट भी पीना होगा!"

और नये युग का शिव बन कर
उसने अपना सीना तान जटाएँ खोलीं।

एक-एक कर वे काले ज़हरीले बादल
उतर गये उसके माथे पर

और नयन में छलक उठी अमृत की गंगा!
और इस तरह पूर्ण हुआ यह नये ढंग का गंगावतरण!

और आज वह कजरारे मेघों का स्वामी
जहर सँभाले, अमृत छिपाये
इस व्याकुल प्यासी धरती पर
पागल-जैसा डोल रहा है,
आनेवाले स्वर्णयुगों को
अमृत कणों से सींचेगा वह
हर विद्रोही कदम
नयी दुनिया की पगडण्डी लिख देगा,
हर अलबेला गीत
मुखर स्वर बन जाएगा
उस भविष्य का
जो कि अँधेरे की परतों में अभी मूक है!
लेकिन युग ने उसको अभी नहीं समझा है
वह अवधूतों-जैसा फिरता पागल नंगा,
प्राणों में तूफ़ान, पलक में अमृत-गंगा!
प्रतिभा में
सुकुमार सजल
घनश्याम घटाएँ
जिनके मेघों का गम्भीर अर्थमय गर्जन
है जब कभी फूट पड़ता अस्फुट वाणी में
जिसको समझ नहीं पाते हम
तो कह देते हैं
यह है केवल पागलपन
कहते हैं
चैतन्य महाप्रभु में, सरमद में,
ईसा में भी
कुछ ऐसा ही पागलपन था
उलट दिया था
जिसने अपने युग का तख़्ता!

थके हुए कलाकार से

सृजन की थकन भूल जा देवता!
अभी तो पड़ी है धरा अधबनी,
अभी तो पलक में नहीं खिल सकी
नवल कल्पना की मृदुल चाँदनी,
अभी अधखिली ज्योत्स्ना की कली
नहीं ज़िन्दगी की सुरभि में सनी!
अभी तो पड़ी है धरा अधबनी,
अधूरी धरा पर नहीं है कहीं
अभी स्वर्ग की नींव का भी पता!
सृजन की थकन भूल जा देवता!

रुका तू, गया रुक जगत् का सृजन,
तिमिरमय नयन में डगर भूलकर
कहीं खो गयी रोशनी की किरन
अलस बादलों में कहीं सो गया
नयी सृष्टि का सातरंगी सपन
रुका तू, गया रुक जगत् का सृजन,
अधूरे सृजन से निराशा भला
किसलिए जब अधूरी स्वयं पूर्णता?
सृजन की थकन भूल जा देवता!

प्रलय से निराशा तुझे हो गयी
सिसकती हुई साँस की जालियों में
सबल प्राण की अर्चना खो गयी
थके बाहुओं में अधूरी प्रलय
औ' अधूरी सृजन-योजना खो गयी

थकन से निराशा तुझे हो गयी?
इसी ध्वंस में मूर्छित-सी कहीं
पड़ी हो नयी ज़िन्दगी, क्या पता?
सृजन की थकन भूल जा देवता!

कवि और अनजान पगध्वनियाँ

छन्द संवाद

कवि :

काली ठण्डी चट्टानों पर
उदास बैठा
मैं सोच रहा
क्या हुआ मुझे?
हैं मेरे पास सजल मोती-सी उपमाएँ
ताजे वनफूलों-सी बेदाग़ नयी वाणी
मेरे बस एक इशारे पर
हर-एक छन्द
पावस के मोर सरीखा नाच उठा करता!
मैं चाहूँ तो
गहराती मेघ घटाओं को
अपने छन्दों के ताने-बाने में कस लूँ!
लेकिन मेरा अभिशाप यही
हैं साधन मुझको मिले सभी कुछ कहने को
लेकिन मेरी आत्मा में अब
कुछ नहीं रहा है कहने को!
कुछ नहीं रहा है कहने को!
कुछ नहीं रहा है कहने को!
कुछ लक्ष्य नहीं, जिस पर मैं प्रत्यंचा खींचूँ
अब कोई गहरा दर्द नहीं है सहने को।

अनजान पगध्वनियाँ :

ठहरो! ठहरो! ठहरो! ठहरो! हम आते हैं
हम नयी चेतना के बढ़ते अविराम चरण!

हम मिट्टी की अपराजित गतिमय सन्तानें,
हम अभिशापों से मुक्त करेंगे कवि का मन!

कवि :
मेरी मोती-सी उपमाओं पर धूल जमी
मेरी पलकों पर स्वप्न नहीं
मकड़ी का भूरा जाला है
सबसे बढ़कर मुझको यह दंशन होता है
अकसर जीवन का सत्य द्वार मेरे आया औ' लौट गया
उससे बढ़कर
अब यह मेरा खोखला हृदय
धीरे-धीरे है भूल रहा—
"मैं कभी सत्य के चरणों का
भी प्यासा था"
अपनी कुण्ठाओं की
दीवारों में बन्दी
मैं घुटता हूँ!

अनजान पगध्वनियाँ :
ठहरो! ठहरो! ठहरो! ठहरो! हम आते हैं
हम नयी चेतना के बढ़ते अविराम चरण!
हम मिट्टी की अपराजित गतिमय सन्तानें
हम अभिशापों से मुक्त करेंगे कवि का मन!

प्रथम प्रणय

दो दृष्टिकोण

पहला दृष्टिकोण :

यों कथा-कहानी-उपन्यास में कुछ भी हो
इस अधकचरे मन के पहले आकर्षण को
कोई भी याद नहीं रखता
चाहे मैं हूँ, चाहे तुम हो!

कड़वा नैराश्य, विकलता, घुटती बेचैनी
धीरे-धीरे दब जाती है,
परिवार, गृहस्थी, रोजी-धन्धा, राजनीति
अख़बार सुबह, सन्ध्या को पत्नी का आँचल
मन पर छाया कर लेते हैं
जीवन की यह विराट् चक्की
हर-एक नोक को घिसकर चिकना कर देती,
कच्चे मन पर पड़नेवाली पतली रेखा
तेजी से बढ़ती हुई उम्र के
पाँवों से मिट जाती है।

यों कथा-कहानी-उपन्यास में कुछ भी हो
इस अधकचरे मन की पहली कमज़ोरी को
कोई भी याद नहीं रखता
चाहे मैं हूँ, चाहे तुम हो!

दूसरा दृष्टिकोण :

यों दुनिया-दिखलावे की बात भले कुछ हो
इस कच्चे मन के पहले आत्म-समर्पण को

कोई भी भूल नहीं पाता
चाहे मैं हूँ, चाहे तुम हो!

हर-एक काम में बेतरतीबी, झुँझलाहट
जल्दीबाजी, लापरवाही
या दृष्टिकोण का रूखापन
अपने सारे पिछले जीवन
पर तीखे व्यंग्य वचन कहना
या छोटे-मोटे बेमानी कामों में भी
आवश्यकता से कहीं अधिक उलझे रहना
या राजनीति, इतिहास, धर्म, दर्शन के
बड़े लबादों में मुँह ढँक लेना

इस सबसे केवल इतना ज़ाहिर होता है
यों दुनिया-दिखलावे की बात भले कुछं हो
इस पहले-पहले पावन आत्म-समर्पण को
कोई भी भूल नहीं पाता
चाहे मैं हूँ, चाहे तुम हो!

झील के किनारे

चल रहा हूँ मैं
कि मेरे साथ
कोई और
चलता
जा रहा है!

दूर तक फैली हुई
मासूम धरती की
सुहागन गोद में सोये हुए
नवजात शिशु के नेत्र-सी
इस शान्त नीली झील
के तट पर,
चल रहा हूँ मैं
कि मेरे साथ
कोई और
चलता
जा रहा है!

गोकि मेरे पाँव
थक कर चूर
मेरी कल्पना मजबूर
मेरे हर क़दम पर
मंज़िलें भी हो रही हैं
और मुझसे दूर
हज़ारों पगडण्डियाँ भी
उलझनें बनकर

समायी जा रही हैं
खोखले मस्तिष्क में,
लेकिन,
वह निरन्तर जो कि
चलता आ रहा है साथ
इन सबों से सर्वथा निरपेक्ष
लापरवाह
नीली झील के
इस छोर से
उस छोर तक
एक जादू के सपन-सा
तैरता जाता,
उसे छू
ओस-भीगी
कमल पाँखुरियाँ
सिहर उठतीं,
कटीली लहरियों
को लाज रँग जाती
सिन्दूरी रंग,
पुरइन की नसों में
जागता
अँगड़ाइयाँ लेता
किसी भोरी कुँआरी
जलपरी
के प्यार का सपना!
कमल लतरें
मृणालों की स्नान-शीतल
बाँह फैलाकर
उभरते फूल-यौवन के
कसे-से बन्द ढीले कर
बदलती करवटें,
इन करवटों की
इन्द्रजाली प्यास में भी

झूम लहराकर
उतरता, डूबता,
पर डूबकर भी
सर्वथा निरपेक्ष
इन सबों के बन्धनों को
चीरकर, झकझोरकर
वह शान्त नीली झील की
गहराइयों से बात करता है,
गोकि मेरा पन्थ उसका पन्थ
उसके क़दम मेरे साथ
किन्तु वह गहराइयों से
बात करता चल रहा है!
सृष्टि के पहले दिवस से
शान्त नीली झील में सोयी हुई गहराइयाँ
जिनकी पलक में
युग-युगों के स्वप्न बन्दी हैं!
पर उसे मालूम है
इन रहस्यात्मक,
गूढ स्वप्नों का
सरलतम अर्थ
जिससे हर क़दम
का भाग्य,
वह पहचान जाता है!

इसलिए हालाँकि मेरे पाँव थककर चूर
मेरी कल्पना मजबूर
मेरी मंज़िलें भी दूर
किन्तु फिर भी
चल रहा हूँ मैं
कि, कोई और
मेरे साथ
नीली झील की
गहराइयों से बात करता चल रहा है!

मेरी परछाँही

घनी बर्फ़ पर,
इस ऊबड़-खाबड़ घाटी में
पाण्डवराज युधिष्ठिर के काले कुत्ते-सी
पीछे-पीछे पूँछ दबाये,
आखिर कब तक संग निभाएगी तू मेरा?
ओ मेरी परछाँही, मेरा साथ छोड़ दे!

मंज़िल-दर-मंज़िल
पृथ्वी को नाप-नाप कर
जाने कितने
पर्वत, घाटी, रेगिस्तानों को
यह मेरे भूखे क़दम निगल आये हैं
यह मरीज़ की अन्तिम साँसों-सी
टेढ़ी-मेढ़ी पगडण्डी
इस पर अभी न जाने कितनी दूर
मुझे चलते जाना है!
मेरी और तुम्हारी दुनिया कितने पीछे छूट चुकी है!

यह कोई अजनबी जगत् है
जहाँ न सूरज की किरणें हैं
और न चन्दा की उजियारी
जहाँ न तारों की छाया में
दो जवान दिल धड़का करते हैं
जहाँ होठ से मदिर प्रणय संगीत
इस तरह उड़ जाते हैं
जैसे घिसती किसी पुराने बरतन से

राँगे की कलई
जहाँ खँडहरों में
सुनसान हवाएँ सिसका करती हैं ज्यों,
कोई बूढ़ा अजगर रह-रहकर अन्तिम साँसें लेता हो!
इस दुनिया में
जाने कितनी सदियों से आभास न मिलता
किसी एक ज़िन्दा हस्ती का!
मैं आवाज़ें देता-देता कितने क्षितिज पार कर आया
लेकिन इन कमज़ोर दिशाओं से
प्रतिध्वनि तक लौट न पायी!
इस दुनिया में
जाने कितनी सदियों से
आभास न मिलता किसी एक ज़िन्दा हस्ती का!
हाँ,
कुछ प्रेत-लोक की छायाएँ तो अक़सर मिल जाती हैं,
एक छाँह है
जिसके केवल
दो भूखी प्यासी बाँहें हैं,
हृदय नहीं है, क़दम नहीं है, होठ नहीं हैं
इन सुनसान हवाओं में वह डोल रही है
केवल दो भूखी प्यासी बाँहें फैलाये!
एक छाँह है
जिसमें हैं केवल अँगुलियाँ,
औ' छोटा-सा मांसपिण्ड है हृदय नाम का
उन अँगुलियों की पोरों पर रक्त जमा है
वे फैली-फैली बालू पर
सदियों से लिखती जाती हैं जाने क्या-क्या?
लिखते-लिखते, लिखते-लिखते सदियाँ बीतीं
मगर न उनका एक वाक्य पूरा हो पाया,
बालू पर चलती-फिरती काली छायाएँ
उनके अक्षर-अक्षर क्षत-विक्षत कर देतीं

और अभागी अँगुलियों का यह सपना है
ये बालू के अक्षर अमर रहेंगे जैसे चाँद-सितारे!

एक छाँह है,
उसके केवल दो पलकें हैं!
उन पलकों में घायल इन्द्रधनुष के सपने
मिनिट-मिनिट पर करवट लेते
उन पलकों में अक़सर ख़ून छलक आता है,
इन पलकों में तेज नहीं है, जोत नहीं है, सत्य नहीं है,
सूनी गहन गुफाओं-सी पलकों में केवल
सात रंग के चमगादड़-से
गन्दे सपने उड़ते फिरते!
अन्धे सपने उड़ते फिरते!
उड़ते फिरते!
ऐसी जाने कितनी ही अशान्त छायाएँ
क़दम-क़दम पर सिर धुन-धुन कर
चीख़ रही हैं!
कहते हैं,
यह उन लोगों की छायाएँ हैं
जो इस पगडण्डी पर आकर भटक गये थे
जो कि अँधेरे से भागे थे
घबराये थे,
जिनके तन से लिपट गये थे काले अजगर
धरती जिनकी हड्डी-हड्डी निगल गयी थी!

और अगर कल मैं भी भटक गया ऐसे तो
अगर कहीं मेरी भी हिम्मत
कल जवाब दे बैठी ऐसे
और अजगरों ने मुझको भी चूर कर दिया
तो इस फैली-फैली ख़ूनी बालू पर
मेरी परछाँही
तू भी ऐसी ही तड़पेगी, मँडराएगी, सिर पटकेगी,
युग-युगान्त तक!

गो यह सच है
इस रेतीले बयाबान में
आँसू से भीगे मंजुल संगीत-सरीखी
अक़सर ऐसी भी आवाज़ें आ जाती हैं
कोई यह भी कह जाता है
सघन तिमिर को कुचल-कुचलकर
यदि मैं चलता ही जाऊँ तो
मेरे ही क़दमों से ज़िन्दा सूर्य उगेगा
मेरे मस्तक पर शंकर का चाँद खिलेगा
अँधियारे के साँप गले का हार बनेंगे
और हवाओं पर
हलका आलोक
सत्य का
उड़ा करेगा
जादू की किरणों से
छायाओं को छूकर
पूर्ण करेगा
नयनहीन की सूनी पलकों में
सपनों के
फूल खिलेंगे
पन्थहीन को राह मिलेगी
बोल नहीं पाते जो
उनको वाणी का वरदान मिलेगा
जीवन
शरदातप में
खिलते हुए
कमल-सा
स्वच्छ बनेगा
पावन होगा
केवल यदि मैं
हार न मानूँ
क़दम न रोकूँ

बढ़ता जाऊँ!
लेकिन सम्भव है
कल मेरा साहस टूटे, हिम्मत छूटे,
और भटक जाऊँ मैं अपनी पगडण्डी से
काला अजगर मुझे कुण्डलियों में मरोड़ दे
तो मेरी बेशर्म पराजय की प्रतीक-सी
ओ मेरी घायल परछाँही
तू भी ऐसे ही तड़पेगी
मँडराएगी
सिर पटकेगी
इस फैली-फैली
असीम ख़ूनी बालू पर!

अभी वक़्त है
ओ मेरी पागल परछाँही
साथ छोड़ दे!

तेरे संग रहने से
और अकेलापन खाने लगता है
जब कि वही सब साथ नहीं हैं
जिनकी पलकों में ही
पहले-पहल झलक पायी थी मैंने
इस भविष्य की,
इस यात्रा की!
किन्तु यात्रा के मुहूर्त में
भूल गये जो क़दम बढ़ाना!
खेल-कूद में
भूल-चूक में
वहीं रह गये!
ओ मेरी परछाँही, मेरा मोह छोड़कर
वापस जा तू
वहीं, जहाँ से शुरू हुई थी

यह पगडण्डी!
जाकर उन लोगों को मेरी याद दिलाना
कहना बड़े अँधेरे जग में
तुमने उसको भेज दिया है
जिस दुनिया में प्रेतात्माएँ ही रहती हैं
वहाँ उसे है महज़ आसरा
तुम लोगों के स्नेह-प्यार का,
अगर सफर में सँग आना तुम भूल गये
तो बात नहीं कुछ
लेकिन जिसकी आत्मा में थी
तुमने यह बेचैनी भर दी,
उसको आशीर्वाद भेजना भूल न जाना
पथहीनों से मिली प्रेरणा उसे पन्थ की
पराजितों के विश्वासों में विजय मिलेगी!
कौन जानता है
वह शायद
इस सम्बल का आश्रय पाकर
महाकाल के जबड़ों में से सत्य जीतकर
गरल पान कर
अमृत लाए
वापस आए?

पर मेरी पागल परछाँही
तेरा मोह व्यर्थ है बिलकुल!
अब आगे हैं
और ज़हर से भरी घाटियाँ
जिनके हर पत्थर के नीचे मौत छिपी है
जिन पर नहीं मोह का कुछ भी बस चलता है!
इस मृणाल तन्तु-से नाजुक
खड्ग धार-से पतले पथ पर
अपनी परछाँही तक का तो गुज़र नहीं है
इस पथ पर

मानव की घायल आत्मा सदा अकेली जाती
सत्य जीतकर वापस आती
या हिमशिखरों पर गल जाती!

घनी बर्फ़ पर
इस ऊबड़-खाबड़ घाटी में
पाण्डवराज युधिष्ठिर के काले कुत्ते-सी
पीछे-पीछे पूँछ दबाये
आख़िर कब तक संग निभाएगी तू मेरा
ओ मेरी परछाँही
मेरा साथ छोड़ दे!

फूल, मोमबत्तियाँ, सपने

यह फूल, मोमबत्तियाँ और टूटे सपने
ये पागल क्षण,
यह कामकाज, दफ़्तर-फाइल, उचटा-सा जी
भत्ता वेतन!
ये सब सच हैं!
इनमें से रत्ती-भर न किसी से कोई कम,
अन्धी गलियों में पथभ्रष्टों के गलत क़दम
या चन्दा की छाया में भर-भर आनेवाली आँखें नम,
बच्चों की-सी दूधिया हँसी या मन की लहरों पर
उतराते हुए कफ़न!
ये सब सच हैं!

जीवन है कुछ इतना विराट्, इतना व्यापक
उसमें है सबके लिए जगह, सबका महत्त्व,
ओ मेज़ों की कोरों पर माथा रख-रखकर रोनेवाले
यह दर्द तुम्हारा नहीं सिर्फ़, यह सब का है।
सब ने पाया है प्यार, सभी ने खोया है
सब का जीवन है भार, और सब जीते हैं,
बेचैन न हो,
यह दर्द अभी कुछ गहरे और उतरता है,
फिर एक ज्योति मिल जाती है,
जिसके मंजुल प्रकाश में सब के अर्थ नये खुलने लगते,
ये सभी तार बन जाते हैं
कोई अनजान उँगलियाँ इन पर तैर-तैर
सब में संगीत जगा देती अपने-अपने

गुँथ जाते हैं ये सभी एक मीठी लय में
यह कामकाज, संघर्ष, विरस कड़वी बातें,
ये फूल, मोमबत्तियाँ और टूटे सपने!

यह दर्द विराट् ज़िन्दगी में होगा परिणत
है तुम्हें निराशा फिर तुम पाओगे ताकत
उन अँगुलियों के आगे कर दो माथा नत
जिनके छू लेने-भर से फूल-सितारे बन जाते हैं ये मन के छाले,
ओ मेज़ों की कोरों पर माथा रख-रखकर रोनेवाले,
हर एक दर्द को नये अर्थ तक जाने दो!

॥ 'सात गीत वर्ष' से ॥

प्रमथ्यु गाथा

(प्रमथ्यु एक यूनानी पुराण-पुरुष है जो सृष्टि के आरम्भ में पहली बार स्वर्ग से, द्युपितर के महलों से मनुष्यों के त्राण के लिए अग्नि हर लाया था। दण्डस्वरूप द्युपितर ने उसे एक शिला से बँधवा दिया था और एक गिद्ध निरन्तर उसके हृदयपिण्ड को खाते रहने के लिए तैनात कर दिया गया था । प्रस्तुत रचना में प्रमथ्यु, द्युपितर, अग्नि, गृद्ध सभी अपना-अपना वक्तव्य प्रस्तुत करते हैं।)

प्रमथ्यु :

जकड़े हुए हैं ये मेरे हाथ
लौह श्रृंखलाओं से
जड़ी हुई जो कीलों से
इस आदिम चट्टान से,

टूटी हुई हैं पसलियाँ
और मन का घाव
अन्दर का सारा दर्द
नंगा अनावृत है

द्युपितर की आज्ञा से
नरभक्षी बूढ़ा गृद्ध

मेरे कन्धों पर बैठ
दिन-भर नोचा करता है मेरा हृदयपिण्ड
और मैं बेबस हूँ
बन्दी हूँ।

मैंने, क्योंकि मैंने ही
प्रथम बार साहस किया
द्युपितर के महलों से अग्नि छीन लाने का

अन्धी घाटी में भयभीत भेड़ के समान
पृथ्वी यह
अँधियारे में थी सहमी खड़ी

मैंने, हाँ मैंने ही प्रथम बार साहस किया

द्युपितर :
साहस नहीं था;
मैंने जो नक़्शा बनाया था
मानव अस्तित्व का—
उसमें थी दासता,
विनय थी, कायरता थी
भय था, आतंक था
अँधेरा था
यह जो
इस व्यक्ति ने
अँधेरे को देकर चुनौती
दुस्साहस किया
यह मेरी सत्ता का प्रथम अनादर था

मैंने इसे दण्ड दिया
वर्जित थी ज्योति

और गर्हित था स्वातन्त्र्य
साहस उत्पन्न ही नहीं था किया मैंने तब
इसकी यह लायी हुई आग
अगर साहस बन फैल गयी होती मनुष्यों में
फिर वे उठाते सिर
फिर फिर वे उठाते सिर.........

जनसाधारण :
मूरख नहीं हैं जी !
हम क्यों उठाते सिर
हम क्यों ये सब साहस करते व्यर्थ
अग्नि जिसे लाना था ले आया !

अग्नि नहीं थी जब
तब हमने नहीं कहा
कि जाओ अग्नि लाओ तुम
और अग्नि जब आयी
हमने नहीं कहा कि अग्नि नहीं लेंगे हम

यह जो हम अब भी खड़े हैं
प्रमथ्यु के आस-पास–
इसलिए नहीं कि हम कुछ
उसके अनुगामी हैं,

हम हैं तमाशबीन
देख रहे हैं कैसे जकड़ा हुआ है शिलाओं से
कैसे वह कन्धे पर बैठा हुआ गिद्ध
नोच-नोच खाता है उसका हृदयपिण्ड
और रात ढलते-ढलते कैसे
सारा घाव फिर से पुर जाता है
ताकि गिद्ध फिर नोचे

यह है करिश्मा और
हम सब करिश्मों के प्यासे हैं !
चाहता अगर तो हममें से हर एक व्यक्ति
अपने ही साहस से प्रमथ्यु हो सकता था
लेकिन हम डरते थे,
ज्योति चाहते थे
पर दण्ड भोगने से हम डरते थे!

हम सब करिश्मों के प्यासे हैं
कोई भी करिश्मा कर दिखलाए।
हम खुद क्यों लें कोई भी निर्णय
हम खुद क्यों भोगें कोई भी दण्ड ?

अग्नि :

वे थे सब स्वार्थी
विलासी थे, कायर थे
जिनके महलों में मैं बन्दी थी

मुक्त किया मुझको प्रमथ्यु ने

उसने कहा
तुम हो ज्योति
तुम्हीं जीवन हो

माथे से अपने लगाकर प्रमथ्यु ने
फेंक दिया फिर मुझको इन कायरों के बीच

मुझसे ये
सुबह-शाम चूल्हा सुलगाएँगे
शय्या गरमाएँगे
सोना गलाएँगे
और ज़रा-सा मौक़ा पाते ही

अपने पड़ोसी का सारा घर फूँकेंगे!

मुझको क्यों मुक्त किया
मुझको क्यों माथे से लगाकर
फिर फेंक दिया इन कायरों के बीच!

प्रमथ्यु :
मुझको मालूम नहीं था कुछ भी
डूबा था सब कुछ अँधियारे में
अँधियारे में मैं भी डूबा था

अग्नि किसे कहते हैं
इसका आभास भी नहीं था मुझे

गिद्ध यह बैठा है जो मेरे कन्धों पर
ऊपर उड़ते-उड़ते पहली बार इसने देखी थी झलक अग्नि की!

साहस था मेरा
किन्तु द्युपितर के महलों की गुप्त राह
इसने बतायी मुझे—
गुरुजन है!
सच है यह
मेरे कन्धों पर बैठ
नोच-नोच खाता है यह मेरा हृदयपिण्ड
फिर भी मेरा मस्तक नत है
होठों को भींचे निश्शब्द सह रहा हूँ मैं
क्योंकि यह बूढ़ा गृद्ध गुणी है, ज्ञाता है।

मस्तक नत है मेरा
इसलिए नहीं कि हूँ पराजित मैं
इसलिए कि जिनके हित अग्नि जीत लाया हूँ
उनमें नहीं है साहस या संवेदना

जिसमें नहीं है साहस प्रमथ्यु बनने का
उसको बिना पीड़ा के मिल जानेवाली अग्नि
माँजती नहीं है
और पशु ही बनाती है !
अग्नि मिलने पर भी
वे सब पशु के पशु हैं
जिनको नृशंस स्वाद आता है
मेरी इस मर्मान्तक पीड़ा में !
देता है जो बूढ़ा गिद्ध
मेरे ही कन्धों पर बैठकर

गृद्ध :
कटु मत हो
सुनो वत्स !
शोभा नहीं देती है कटुता प्रमथ्यु को
सच है यह
मैंने ही प्रेरित किया था तुम्हें देव-अग्नि लाने को
क्योंकि धरा पर नीचे गहरा अँधियारा था

जीवन-भर मैंने आकाश में
निरर्थक चक्कर काटे
ऊँचे पर्वत, ऊबड़-खाबड़ घाटीवाली
धरती पर कैसे उतरता मैं ?
नीचे अँधियारा था

अब मैं हूँ बूढ़ा
और मेरे थके हैं पंख
कब तक आकाश में विहार करूँ
सिवा तुम्हारे इन सबल पुष्ट कन्धों के और कहाँ बैठूँ मैं?

कटु मत हो !
आहत है मेरा अहम्
मेरे थे पंख और मैंने देखी थी अग्नि
मैं भी ला सकता था
किन्तु एक थोड़े से साहस के बग़ैर
मैं अग्नि जीत लाने से वंचित रहा

तुम हो मेरे प्रियजन
मेरा यह आहत अहम्
अगर तुम्हारे मांसपिण्ड से बुझाता है
अपनी भूख
तो तुम क्या इतना भी नहीं सहोगे मेरे लिए

सुनो वत्स !
मुझको यदि मानते हो गुरुजन
तो बात सुनो
सहते चलो सब कुछ
माथे पर शिकन नहीं लाना कभी
मन में घृणा नहीं लाना कभी
घृणा वह ज़हर है
जो नसों में प्रवाहित
रक्त को दूषित करता है
और वह रक्त
वह तुम्हारा रक्त
अन्ततोगत्वा मुझको ही तो पीना है !

प्रमथ्यु :
पियो !
जी भरकर पियो,
गुरुजन हो

मेरी शिराओं में रक्त बह रहा है तुम्हारा ही
जी भर पियो !

कटु मैं नहीं हूँ
घृणा किससे करूँगा मैं

ये जो जन हैं, साधारण जन हैं
उनमें से एक-एक के अन्दर
मूर्च्छित प्रमथ्यु कहीं बन्दी है !
अवसर जिसे मिला नहीं साहस कर पाने का

कोई तो ऐसा दिन होगा
जब मेरे ये पीड़ा-सिक्त स्वर
उसके मन को बेध मूर्च्छित प्रमथ्यु को जगाएँगे !
उस दिन
हाँ, उस दिन
अकेला मैं रहूँगा नहीं
सबके हृदयों में मैं जागूँगा
मैं—प्रमथ्यु :
कटु मैं नहीं हूँ
घृणा किससे करूँगा मैं ?

नया रस

प्रभु
इस रस को
इस नये रस को क्या कहते हैं?

जिसमें शृंगार की आसक्ति नहीं
जिसमें निर्वेद की विरक्ति नहीं
जिसमें बाँहों के
फूलों-जैसे बन्धन के
आकुल परिरम्भण की गाढ़ी तन्मयता के क्षण में भी
ध्यान कहीं और चला जाता है
तन पिघले फूलों की
आग पिया करता है
पर मन में कई प्रश्नचिह्न उभर आते हैं
यह सब क्या है ?
क्यों है ?
इसके बाद
—और बाद
—और बाद
—और बाद
फिर क्या है ?
चुम्बन आलिंगन का जादू
मन को जैसे ऊपर ही ऊपर से छूकर रह जाता है

अन्दर ज़हरीले अजगर-जैसे प्रश्नचिह्न
एक-एक पसली को जकड़-जकड़ लेते हैं

फिर भी बेक़ाबू तन
इन पिघले फूलों की रसवन्ती आग बिना
चैन नहीं पाता है

प्रभु,
इस रस को
इस नये रस को क्या कहते हैं?

नवम्बर की दोपहर

अपने हलके-फुलके उड़ते स्पर्शों से मुझको छू जाती है
जार्जेट के पीले पल्ले-सी यह दोपहर नवम्बर की !

आयीं गयीं ऋतुएँ पर वर्षों से ऐसी दोपहर नहीं आयी
जो क्वाँरेपन के कच्चे छल्ले-सी
इस मन की उँगली पर
कस जाए और फिर कसी ही रहे
नितप्रति बसी ही रहे, आँखों में, बातों में, गीतों में
आलिंगन में घायल फूलों की माला-सी
वक्षों के बीच कसमसी ही रहे

भीगे केशों में उलझे होंगे थके पंख
सोने के हंसों-सी धूप यह नवम्बर की
उस आँगन में भी उतरी होगी
सीपी के ढालों पर केसर की लहरों-सी
गोरे कन्धों पर फिसली होगी बिन आहट
गदराहट बन-बन ढली होगी अंगों में

आज इस वेला में
दर्द ने मुझको
और दोपहर ने तुमको
तनिक और भी पका दिया
शायद यही तिल-तिल कर पकना रह जाएगा
साँझ हुए हंसों-सी दोपहर पाँखें फैला
नीले कोहरे की झीलों में उड़ जाएगी

यह है अनजान दूर गाँवों से आयी हुई
रेल के किनारे की पगडण्डी
कुछ क्षण सँग दौड़-दौड़
अकस्मात् नीले खेतों में मुड़ जाएगी.........

उत्तर नहीं हूँ

उत्तर नहीं हूँ
मैं प्रश्न हूँ तुम्हारा ही !

नये-नये शब्दों में तुमने
जो पूछा है बार-बार
पर जिस पर सब के सब केवल निरुत्तर हैं
प्रश्न हूँ तुम्हारा ही !

तुमने गढ़ा है मुझे
किन्तु प्रतिमा की तरह स्थापित नहीं किया
या फूल की तरह
मुझको बहा नहीं दिया
प्रश्न की तरह मुझको रह-रह दोहराया है
नयी-नयी स्थितियों में मुझको तराशा है
सहज बनाया है
गहरा बनाया है
प्रश्न की तरह मुझको
अर्पित कर डाला है
सबके प्रति

दान हूँ तुम्हारा मैं
जिसको तुमने अपनी अंजलि में बाँधा नहीं
दे डाला !

उत्तर नहीं हूँ मैं
प्रश्न हूँ तुम्हारा ही !

संक्रान्ति

सूनी सड़कों पर ये आवारा पाँव
माथे पर टूटे नक्षत्रों की छाँव

कब तक
आख़िर कब तक?

चिन्तित माथे पर ये अस्तव्यस्त बाल
उत्तर, पच्छिम, पूरब, दक्खिन-दीवाल

कब तक
आख़िर कब तक?

लड़ने वाली मुट्ठी जेबों में बन्द
नया दौर लाने में असफल हर छन्द

कब तक?
लेकिन कब तक?

पराजित पीढ़ी का गीत

हम सब के दामन पर दाग़
हम सब की आत्मा में झूठ
हम सब के माथे पर शर्म
हम सब के हाथों में टूटी तलवारों की मूठ ।

हम थे सैनिक अपराजेय
पर हम थे बेबस लाचार
यह था कठपुतलों का खेल
ऊपर थी क़लई, पर लकड़ी के थे सब हथियार !

हम सबके थे अपने गीत
आख़िर तक गाने की शर्त
पर जाने कैसे ऐसे बदले बोल–
हमने गाया कुछ, पर कुछ निकला अर्थ !

तुम क्या जानोगे ओ प्रभु !
उसके मन का कटु विक्षोभ
जिसकी निष्ठा के आगे
गर्हित था छोटे-से छोटे समझौते का लोभ !

तुमने कब झेली संक्रान्ति
तुम क्या समझोगे ओ प्रभु!
इन गत्यवरोधों का दर्द–
कैसे तरुणाई में ही
घुट मर जाते हैं विश्वास
प्राणों की समिधाएँ जमकर हो जाती हैं सर्द!

फिर भी यदि तुमको मंज़ूर
हमको भटकाओ कुछ और
यदि तुमको फिर भी मंज़ूर
सच्चाई की बाँहों में हम सब पाएँ मत ठौर,

तो कम से कम करुणामय
इतना तो दो ही वरदान
दो हमको फिर झूठे लक्ष्य
दो हमको फिर झूठे युद्धों का झूठा मैदान!

तुम क्या जानोगे ओ प्रभु
संघर्षों के ही अभ्यासी ये प्राण
हो जाते कितने बेचैन
छिन जाते हमसे जब शस्त्र, छिन जाते ईमान!

दो हमको फिर झूठे युद्ध
दो हमको फिर झूठे ध्येय
हारेंगे फिर यह है तय
फिर उसको मानेंगे हम प्रभु की हार
अपने को मानेंगे फिर अपराजेय!

हम सबके दामन पर दाग़
हम सबकी आत्मा में झूठ
हम सबके माथे पर शर्म
हम सबके हाथों में टूटी तलवारों की मूठ!

हम सब सैनिक अपराजेय!

कौन चरण ?

जिस दिन
अपनी हर आस्था तिनके-सी टूटे
जिस दिन
अपने अन्तरतम के विश्वास सभी निकलें झूठे,

उस दिन होंगे
वे कौन चरण
जिसमें इस लक्ष्यभ्रष्ट मन को
मिल पाएगी अन्त में शरण ?

जब हम पर छाये भ्रम दोहरा
जर्जर तन पर कल्मष, हारे मन पर कोहरा
हर एक सूत्र जिसको समझे हम प्रभु का स्वर
कसने पर जिस दिन साबित हो शब्दाडम्बर
हर क़दम पड़े झूठा
जैसे चौसर का पिटा हुआ मोहरा

उस दिन
होंगे वे कौन चरण
जिनमें इस लक्ष्यभ्रष्ट मन को
मिल पाएगी अन्त में शरण?

जिसकी लय पर
साधे हमने आत्मा के स्वर
वे अकस्मात् मुड़ जिस दिन पथ गह लें दूजा
अन्तर में घुटती रह जाए टूटी पूजा
माथे के नीचे रह जाए ठण्डा पत्थर

उस दिन
होंगे वे कौन चरण
जिनमें इस लक्ष्यभ्रष्ट मन को
मिल पाएगी अन्त में शरण ?

सब जलने पर जो शेष रहे कण-भर सोना
काँपती उँगलियों से हमको जिस रोज़ पड़े वह भी खोना
अपनी साँसें तक भूलें जब अपना परिचय
पाँवों नीचे तक की धरती जिस रोज़ न दे हमको आश्रय
जब हमें निगलने दौड़े खुद अपने मन का कोना-कोना

उस दिन
होंगे वे कौन चरण
जिनमें इस लक्ष्यभ्रष्ट मन को
मिल पाएगी अन्त में शरण ?

''उस दिन
मैं दूँगा तुम्हें शरण
मैं जनपथ हूँ
मैं प्रभुपथ हूँ, मैं हूँ जीवन
जिस क्षितिज रेख पर पहुँच व्यक्ति की राहें झूठी पड़ जातीं
मैं उस सीमा के बाद पुनः उठनेवाला नूतन अथ हूँ मैं प्रभुपथ हूँ
जिसमें हर अन्तर्द्वन्द्व, विरोध,
विषमता का
हो जाता है अन्त में शमन !''

''प्रभु !
पर तुम तो केवल पथ हो
चलना तो हमको ही होगा
हिम की ठण्डी चट्टानों पर
गलना तो हमको ही होगा
सब टूटे और अधूरे हम
इस जनपथ को
इस प्रभुपथ को
कर पाएँगे किस तरह ग्रहण ?

हमको कुछ ऐसा लगता प्रभु
ऐसे कोई भी नहीं चरण
जिसमें मिल पाए हमें शरण
तुम भी केवल निष्क्रिय पथ हो

चलना तो हमको ही होगा
चलने में ही हम टूटों और अधूरों का
शायद कुछ होगा नया गठन
आश्रय देंगे हमको अपने
जर्जर पर अपराजेय चरण

आख़िर होंगे वे यही चरण
जिनमें इस लक्ष्यभ्रष्ट मन को
मिल पाएगी अन्त में शरण !"

इनका अर्थ

ये शामें, ये सबकी सब शामें.......
जिनमें मैंने घबराकर तुमको याद किया
जिनमें प्यासी सीपी-सा भटका विकल हिया
जाने किस आने वाले की प्रत्याशा में
ये शामें
इनका क्या कोई भी
अर्थ नहीं ?

ये लमहे, ये सारे सूनेपन के लमहे
जब मैंने अपनी परछाहीं से बातें कीं
दुख से वे सारी टूटी वीणाएँ फेंकीं
जिनमें अब कोई भी स्वर न रहे
ये लमहे,
इनका क्या कोई भी
अर्थ नहीं ?

ये घड़ियाँ—ये बेहद भारी-भारी घड़ियाँ
जब मुझको फिर यह एहसास हुआ
अर्पित होने के अतिरिक्त और राह नहीं
जब मैंने झुककर फिर माथे से पन्थ छुआ
फिर बीनी गत-पग-नूपुर से बिखरी मणियाँ
ये घड़ियाँ
इनका क्या कोई भी
अर्थ नहीं ?

ये घड़ियाँ, ये शामें, ये लमहे
जो मन पर कोहरे से जमे रहे
निर्मित होने के क्रम में
क्या
इनका कोई अर्थ नहीं

जाने क्यों कोई मुझसे कहता
मन में कुछ ऐसा भी है रहता
जिसको छू लेने वाली कोई भी पीड़ा
जीवन में फिर जाती व्यर्थ नहीं !

अर्पित है पूजा के फूलों-सा जिसका मन
अनजाने दुख कर जाता उसका परिमार्जन
अपने से बाहर की व्यापक सच्चाई को
नतमस्तक होकर वह कर लेता सहज ग्रहण

ये सब बन जाते पूजागीतों की कड़ियाँ
यह पीड़ा, यह कुण्ठा, ये शामें, ये घड़ियाँ
इनमें से क्या है
जिसका कोई अर्थ नहीं !
कुछ भी तो व्यर्थ नहीं !

गैरिक वाणी

मेरी वाणी
गैरिक वसना
भूल गयी गोरे अंगों को
फूलों के वसनों में कसना
गैरिक वसना
मेरी वाणी !

अब विरागिनी
मेरा निज दुख, मेरा निज सुख
दोनों से तटस्थ रागिनी
अब विरागिनी
मेरी वाणी !

चन्दन-शीतल,
पीड़ा से परिशोधित स्वर में
उभरा एक नवीन धरातल
चन्दन-शीतल
मेरी वाणी !

भटके हुए व्यक्ति का संशय
इतिहासों का अन्धा निश्चय
ये दोनों जिसमें पा आश्रय
बन जाएँगे सार्थक समतल

ऐसे किसी अनागत पथ का
पावन माध्यम-भर है

मेरी आकुल प्रतिभा
अर्पित रसना
गैरिक वसना
मेरी वाणी!

जल-सी निर्मल
मणि-सी उज्ज्वल
नवल, स्नात
हिम धवल
ऋजु
तरल
मेरी वाणी।

क़स्बे की शाम

झुरमुट में दुपहरिया कुम्हलायी
खेतों पर अन्हियारी घिर आयी
पश्चिम की सुनहरिया धुँधरायी

टीलों पर, तालों पर,
इक्के-दुक्के अपने घर जाने वालों पर
धीरे-धीरे उतरी शाम !

आँचल से छू तुलसी की थाली
दीदी ने घर की ढिबरी बाली
जमुहाई ले-लेकर उजियाली,

जा बैठी ताखों में
घर-भर के बच्चों की आँखों में
धीरे-धीरे उतरी शाम !

इस अधकच्चे-से घर के आँगन
में जाने क्यों इतना आश्वासन
पाता है यह मेरा टूटा मन
लगता है इन पिछले वर्षों में
सच्चे-झूठे, मीठे-कड़वे संघर्षों में
इस घर की छाया थी छूट गयी अनजाने
जो अब झुककर मेरे सिरहाने—
कहती है :
"भटको बेबात कहीं !
लौटोगो अपनी हर यात्रा के बाद यहीं !"

धीरे-धीरे उतरी शाम !

अवशिष्ट

दुख आया
घुट-घुटकर
मन-मन में खीज गया

सुख आया
लुट-लुटकर
कन-कन में छीज गया

क्या केवल
इतनी पूँजी के बल
मैंने जीवन को ललकारा था

वह मैं नहीं था, शायद वह
कोई और था
उसने तो प्यार किया, रीत गया, टूट गया
पीछे मैं छूट गया

उपलब्धि

मैं क्या जिया ?
मुझको जीवन ने जिया—
बूँद-बूँद कर पिया, मुझको
पीकर पथ पर ख़ाली प्याले-सा छोड़ दिया

मैं क्या जला ?
मुझको अग्नि ने छला—
मैं कब पूरा गला, मुझको
थोड़ी-सी आँच दिखा दुर्बल मोमबत्ती-सा मोड़ दिया

देखो मुझे
हाय मैं हूँ वह सूर्य
जिसे भरी दोपहर में
अँधियारे ने तोड़ दिया !

साबुत आइने

इस डगर पर मोह सारे तोड़
ले चुका कितने अपरिचित मोड़

पर मुझे लगता रहा हर बार
कर रहा हूँ आइनों को पार

दर्पणों में चल रहा हूँ मैं
चौखटों को छल रहा हूँ मैं

सामने लेकिन मिली हर बार
फिर वही दर्पण मढ़ी दीवार

फिर वही झूठे झरोखे द्वार
वही मंगल चिह्न बन्दनवार

किन्तु अंकित भीत पर, बस रंग से

× × ×

अनगिनत प्रतिबिम्ब हँसते व्यंग से

फिर वही हारे क़दम की होड़
फिर वही झूठे अपरिचित मोड़

लौटकर फिर लौटकर आना वहीं
किन्तु इससे छूट भी पाना नहीं

टूट सकता, टूट सकता काश
यह अजब-सा दर्पणों का पाश

दर्द की यह गाँठ कोई खोलता
दर्पणों के पार कुछ तो बोलता

यह निरर्थकता सही जाती नहीं
लौटकर, फिर लौटकर आना वहीं

राह में कोई न क्या रच पाऊँगा
अन्त में मैं क्या यही बच जाऊँगा

बिम्ब कुछ आइनों में भटका हुआ
चौखटों के क्रॉस पर लटका हुआ

आस्था

रात :
पर मैं जी रहा हूँ निडर
जैसे कमल
जैसे पन्थ
जैसे सूर्य

क्योंकि
कल भी हम खिलेंगे
हम चलेंगे
हम उगेंगे

और वे सब साथ होंगे
आज जिनको रात ने भटका दिया है !

गुलाम बनानेवाले

और भी पहले वे कई बार आये हैं

एक बार जब उनके हाथों में भाले थे
घोड़ों की टापों से ख़ैबर की चट्टानें काँपी थीं

एक बार
जब भालों के बजाय
उनके हाथों में तिजारती परवाने थे
बग़ल में संगीनें थीं
लेकिन इस बार और चुपके से आये हैं

आधे हैं, जिनके हाथों में हैं
कैमरे,
थैलियाँ,
टूअरिस्ट पासपोर्ट,
रंग-बिरंगी फ़िल्में :

आधे हैं जिनके पास
रंग-बिरंगे चेहरे
(जिनको वे हुक्म के मुताबिक़ बदल सकते हैं)
दो-दो आनेवाले
(दूर किसी नगरी में छपे हुए)
पैम्फ़लेट
रोटी और पैम्फ़्लेट के ढेरों में ढँक-ढँककर आयी हैं
दूर किसी नगरी में ढली हुई ज़ंजीरें !

ढंग है नया
लेकिन बात यह पुरानी है :
घोड़ों पर रखकर, या थैली में भरकर,
या रोटी से ढँककर, या फ़िल्मों में रँगकर
वे ज़ंजीरें, केवल ज़ंजीरें ही लाये हैं

और भी पहले वे कई बार आये हैं !

एक वाक्य

चेक बुक हो पीली या लाल,
दाम सिक्के हों या शोहरत—
कह दो उनसे
जो ख़रीदने आये हों तुम्हें
हर भूखा आदमी बिकाऊ नहीं होता है !

बाणभट्ट

मिथ्या था जामुन के कुंजों से आच्छादित
शोण का निचाट कूल
मिथ्या था फागुन में गुच्छों-गुच्छों फूला
इंगुरी अशोक-फूल

मिथ्या था, स्मृति के अन्तरिक्ष में लुकता-छिपता हुआ
भट्टिनी का म्लान मुख
मिथ्या था, अपने को किसी महाराग को समर्पित कर
डूब-डूब जाने का अतीन्द्रिय सुख

सत्य है एक मणिजटित दुपट्टा, एक
मुद्रा-मंजूषा, एक पालकी !
सत्य हैं आत्मा पर थोपी हुई सीमाएँ
सोने के जाल की !
सत्य है कूटज्ञों, वधिकों, नगरसेठों, वेश्याओं के आगे
बिके हुए शब्दों की यह क्रीड़ा
सत्य है राजा हर्षवर्धन के हाथों से मिला हुआ
पान का सुगन्धित एक लघु बीड़ा

(चाहे वह जूठा हो,
पर उस पर लगा हुआ वर्क़दार सोना था !
हाय बाणभट्ट ! हाय !
तुमको भी, तुमको भी, आख़िर यही होना था !)

बृहन्नला

आज से सौ बरस बाद
मेरी रचनाएँ पढ़कर तुम यह जानोगे
इस संकटकाल में तो अर्जुन एक मैं ही था
अन्यायी हृदयों में सालती टंकारें थीं जिसके गाण्डीव की !
मैं ही दृष्टिहीनों की दुनिया में
आँखें खोल देखता रहा था यथार्थ को !

किन्तु यदि वर्षों बाद मेरी रचनाएँ पढ़ने की जगह
मुझको आज देखो तुम—
तो कैसा लगेगा तुम्हें
मुझको यह जानने का कुतूहल है !

युद्धक्षेत्र, कर्मक्षेत्र में मुझको ढूँढ़ोगे व्यर्थ तुम
आज तो मिलूँगा मैं तुमको पराये अन्तःपुर में
चाटुकार विद्वानों मूर्खा महिषियों
अशिक्षित विदूषकों से घिरा हुआ

मैं जो हूँ नृपति विराट का विश्वस्त दास
नृत्य, गीत, कविता, कलाओं का ज्ञाता,
किन्तु हरदम भयाक्रान्त—
मेरा अज्ञातवास खुल न जाय
छिन न जाय मेरी आजीविका इसी भय से
पीछे सभी को धोखा देकर
सामने सभी के झूठी क़समें खाता हुआ।

कानों तक प्रत्यंचा खींचने के लिए ख्यात
मेरी भुजाएँ ये

मिलेंगी हर छोटे से छोटे दरबारी के सामने
प्रणाम से झुकी हुई;
पाओगे तुम मेरा ओजस्वी सैनिक तन
कुत्सित नपुंसक मुद्राओं में ढला हुआ;
मेरा विख्यात धनुष
तुमको मिलेगा किसी निर्जन तरु-शाखा पर
मुरदा चिमगादड़-सा टँगा हुआ !

व्यास यह लिखेंगे कि
अन्यायी दुर्योधन ने जब हमला बोला था विराट नगरी पर
मैंने भी अपना प्रदर्शित किया था शौर्य !

कैसा लगेगा तुम्हें
जब तुम यह जानोगे
कि यह तो लिखाया था मैंने ही
सुबह-शाम जा-जाकर
दुःख की गाथा गाकर
पाँवों पड़-पड़ बूढ़े व्यास के !

असल में हुआ यह था
मेरे चारों भाई जूझते अकेले रहे
मैं तो किनारे खड़ा हर आने वाले से
घबराकर कहता था—"इधर मत,
इधर मत, इधर मत, आना जी तुम; इधर हम तटस्थ हैं !"

कैसा लगेगा तुम्हें
जब तुम यह जानोगे
कि मैं तो गया था वहाँ
लड़ने के लिए नहीं—
रक्त-सने, बेबस, दम तोड़ते शवों के
गहने कपड़े लूटने के लिए !

कैसा लगेगा तुम्हें
जब तुम यह जानोगे
कि दूसरे जब जूझ रहे थे नवयुग लाने को
मैंने सिर्फ़ उत्तरा की गुड़ियाँ सजायी थीं !

टूटा पहिया

मैं
रथ का टूटा हुआ पहिया हूँ
लेकिन मुझे फेंको मत !

क्या जाने कब
इस दुरूह चक्रव्यूह में
अक्षौहिणी सेनाओं को चुनौती देता हुआ
कोई दुस्साहसी अभिमन्यु आकर घिर जाय !

अपने पक्ष को असत्य जानते हुए भी
बड़े-बड़े महारथी
अकेली निहत्थी आवाज़ को
अपने ब्रह्मास्त्रों से कुचल देना चाहें
तब मैं
रथ का टूटा हुआ पहिया
उसके हाथों में
ब्रह्मास्त्रों से लोहा ले सकता हूँ !
मैं रथ का टूटा हुआ पहिया हूँ

लेकिन मुझे फेंको मत
इतिहासों की सामूहिक गति
सहसा झूठी पड़ जाने पर
क्या जाने
सच्चाई टूटे हुए पहियों का आश्रय ले !

साँझ के बादल

ये अनजान नदी की नावें
जादू के-से पाल
उड़ाती
आतीं
मन्थर चाल !

नीलम पर किरनों
की साँझी
एक न डोरी
एक न माँझी
फिर भी लाद निरन्तर लातीं
सेन्दुर और प्रवाल !

कुछ समीप की
कुछ सुदूर की
कुछ चन्दन की
कुछ कपूर की
कुछ में गेरू, कुछ में रेशम
कुछ में केवल जाल !

ये अनजान नदी की नावें
जादू के-से पाल
उड़ाती
आतीं
मन्थर चाल........

यह ढलता दिन

यह ढलता दिन, बिखरे बादल, बेहद डूबा-डूबा-सा जी
जैसे कोहरे में डूबी हो रंगीन गुलाबों की घाटी
अनजान दिशाओं में जाती यह श्याम घटाओं की रेखा
मटमैले आँचल पर मोती-सा
चाँद ढलक आया लेकिन–
मैंने जो आँसू पोंछ लिया, किसने जाना? किसने देखा?

नावों ने लंगर डाल दिये, घाटों पर सन्ध्या-दीप जले
मेले से सब राही लौटे, अपनी-अपनी चौपाल तले
गहना गुरिया, पंखे डलिया, टिकुली बेंदी, सेन्दुर सारी-
सोरह सिंगार सजे; सब गाँव
उनींदा हो आया लेकिन–
सुनसान कछारों से मुझको आवाज़ किसी ने सहसा दी

आवाज़ मगर वह झूठी थी, नावें झूठीं, मेले झूठे–
ये बादल शक्ल बदलते हैं, बादल उमड़े, बादल टूटे
जी टूटा-सा था बहक गया, यह बादल का ताना-बाना
कुछ गाँव बसे, कुछ गाँव मिटे
बाँहों में चुपके से लेकिन–
मैंने जो आँसू पोंछ लिया, किसने देखा? किसने जाना?

यह बादल का ताना-बाना
बेहद डूबा-डूबा-सा जी
जैसे कोहरे में डूबी हो
रंगीन गुलाबों की घाटी

धुँधली नदी में

आज मैं भी नहीं अकेला हूँ
शाम है, दर्द है, उदासी है

एक ख़ामोश साँझ-तारा है
दूर छूटा हुआ किनारा है
इन सबों से बड़ा सहारा है
एक धुँधली अथाह नदिया है
और बहकी हुई दिशा-सी है

नाव को मुक्त छोड़ देने में
और पतवार तोड़ देने में
एक अज्ञात मोड़ लेने में
क्या अजब-सी, निराश-सी,
सुख-प्रद, एक आधारहीनता-सी है

प्यार की बात ही नहीं साथी
हर लहर साथ-साथ ले आती
प्यास ऐसी कि बुझ नहीं पाती
और यह ज़िन्दगी किसी सुन्दर
चित्र में रंगलिखी सुरा-सी है

शाम है, दर्द है, उदासी है
आज मैं भी नहीं अकेला हूँ

ढीठ चाँदनी

आज-कल तमाम रात
चाँदनी जगाती है

मुँह पर दे-दे छींटे
अधखुले झरोखे से
अन्दर आ जाती है
दबे पाँव धोखे से

माथा छू
निंदिया उचटाती है
बाहर ले जाती है
घण्टों बतियाती है
ठण्डी-ठण्डी छत पर
लिपट-लिपट जाती है
विह्वल मदमाती है
बावरिया बिना बात !

आजकल तमाम रात
चाँदनी जगाती है

अन्तहीन यात्री

बिदा देती एक दुबली बाँह-सी
यह मेड़
अँधेरे में छूटते चुपचाप
बूढ़े पेड़

ख़त्म होने को न आएगी कभी क्या
एक उजड़ी माँग-सी यह धूल धूसर राह ?
एक दिन क्या मुझी को पी जाएगी
यह सफ़र की प्यास, अबुझ, अथाह ?

क्या यही सब साथ मेरे जाएँगे
ऊँघते क़स्बे, पुराने पुल ?
पाँव में लिपटी हुई यह धनुष-सी दुहरी नदी
बींध देगी क्या मुझे बिलकुल ?

एक छवि

छिन में धूप
छाँह छिन ओझल,
पल-पल चंचल–
गोरी दुबली, बेला उजली, जैसे बदली क्वार की

सुबुक हठीली,
हरी पर्त में
हलकी नीली
आग लपेटे–एक कली कचनार की

दखिन पवन में
झोंके लेती डार की
लहर-बदन में

जिसने आकर
कर दी है
छवि और उजागर
मेरे छोटे फूलबसे घर, धूपधुली छत, छाँहलिपी दीवार की !

चैत का एक दिन

सूरज में नहाये हुए
नीले कमल-सा यह चैत का नशीला दिन
मैंने बिताया नहीं
केवल गुज़ार दिया.....

बेसुध तुम्हारे पास बैठे हुए
रूखी तुम्हारी मुक्त वेणी को
उँगली में बार-बार प्यार से लिपटाकर
अनबाँधे छोड़ दिया

निंदियारी आँखों से
बार-बार देखने की कोशिश की–
देखा नहीं;
बौर लदी नाजुक टहनी-सी इस देह की
हलकी गरमाई को केवल महसूस किया,
जाना नहीं :

शाम हुई :
केवल तुम्हारी रूपगन्ध में पगा मन
टूट-टूट रह-रह अलसाने लगा
मैंने कुछ नहीं किया
धीमे से तुम्हारे माथे पर झुके
रूखे हठीले एक कुन्तल को
होठों से सँवार दिया

सुनो
सच बतलाना
क्या तुमको कभी भी
किसी ने भी
इतना उजला, कोमल, पारदर्शी प्यार दिया ?

अँजुरी भर धूप

अँजुरी भर धूप-सा
मुझे पी लो !
कण-कण
मुझे जी लो !

जितना हुआ हूँ आज तक मैं किसी का भी—

बादल नहायी घाटियों का,
पगडण्डी का,
अलसायी शामों का,
जिन्हें नहीं लेता कभी उन भूले नामों का,

जिनको बहुत बेबसी में पुकारा है
जिनके आगे मेरा सारा अहम् हारा है,
गजरे-सी बाँहों का
रंग रचे फूलों का,
बौराये सागर के ज्वार-धुले कूलों का,
हरियाली छाँहों का
अपने घर जानेवाली प्यारी राहों का—

जितना इन सब का हूँ
उतना कुल मिलाकर भी थोड़ा पड़ेगा
मैं जितना तुम्हारा हूँ

जी लो
मुझे कण-कण
अँजुरी भर
पी लो !

घाटी का बादल

जाने कब, किस गुहानीड़ से उड़कर गुपचुप
मेघधूम का योजन विस्तृत पक्षी सहसा
प्रकट हो गया घाटी के सुदूर छोर पर
गहरे भूरे, मीलों लम्बे डैने खोले......

प्रातधूप की ज़रतारी ओढ़नी लपेटे
अभी-अभी जागी
खुमार से भरी
नितान्त कुमारी घाटी
इस कामातुर मेघधूम के
औचक आलिंगन में पिसकर
रतिश्रान्ता-सी मलिन हो गयी !

थका हुआ बादल
पश्चिम के श्याम निरावृत शिखरों पर
शीतल कपोल धर
क्षण-भर गहरी नींद सो गया;

धीरे-धीरे
मूर्च्छित घाटी में जैसे कुछ साँसें लौटीं
अलस झकोरे, देवदारु में, चीड़कुंज में
गन्ध लदे-मादक भीगे-से

मेघधूम ने करवट ली—
अँगड़ाई में ज्यों
सौ-सौ गहरे भूरे डैने आगे पसरे,

उड़े,
खड़े पर्वत शिखरों से टकराकर
मड़राये
मुड़े—
कटानों में
दर्रों में भटके
फिर ढालों पर धीमे-धीमे हाँफ-हाँफ कर चढ़ने लगे
बटोही-जैसे !

जहाँ अभी घाटी थी लहरधारियोंवाली
हरे खेत थे
लाल छतोंवाले छोटे पर्वती गाँव थे
वहाँ नहीं है कुछ भी अब
वह जादू था
वह इन्द्रजाल था
लुप्त हो गया !
सच है केवल मेघधूम यह
ढालों से टकराते क्षीर-महासागर-सा
फेंक रहा है उजला फेना

लाल छतोंवाले छोटे पर्वती गाँव
या हरे खेत
या लहरधारियोंवाली घाटी
ये थे केवल मूँगा मछली सीप सिवारें
जो धाराओं की उछाल में ऊपर आये
कुछ क्षण ऊपर तैरे फिर जलमग्न हो गये !

नीचे मेघधूम का सूना-सूना सागर
ऊपर केवल नभ
गुमसुम-सा, उदासीन-सा
और बीच में निराधार-सा बिना नींव का पूरा पर्वत !

कैसे अचल खड़ा है
क्या यह भी जादू है ?

ढालों पर चुपचाप खड़े हैं
बाँझों के छितरे-छितरे बन !
उलटी हुई पुतलियों-जैसे
बाँझों के नोकीले पत्ते
उलटे औ' फिर
श्वेत हो गये !

नीचे के कण्टक झाड़ों में अटक-अटककर
ऊपर चढ़ता जाता है अजगर-सा बादल
तने, डालियाँ, पत्ते पहले भूरे पड़ते,
लगता जैसे पीछे हटते
धीरे-धीरे पुँछी लकीरों-से मिट जाते !

कुछ भी नहीं रहा
उत्तुंग शिखरवाला गरवीला पर्वत
रंगों के कच्चे धब्बे-सा धुला, बह गया—
घाटी गाँव, खेत, वन, झरने
सकल सृष्टि ज्यों धुआँ-धुआँ अणुओं में
विशृंखल विभक्त हो बिखर गयी है !
शेष बचा हूँ केवल मैं
या मेरे चारों ओर दूर तक फैला हुआ सफ़ेद अँधेरा

बाक़ी सब कुछ नष्ट हो गया
गाँव, जहाँ पर मेरा घर था
पगडण्डी, जिन पर चल मैं शिखरों तक पहुँचा
जंगल, जिसमें बड़ी साँझ तक भटका खोया
झरने, जिनमें थके धूल से सने पाँव धो थकन मिटायी,

सब कुछ—सब कुछ—नष्ट हो गया

शेष बचा हूँ मैं
या मुझको घेरे उजली धूम्र-शून्यता।

धीरे-धीरे हार रहा हूँ,
इस ऊँचाई पर चढ़कर ही
जान सका हूँ—हम सब
क्या हैं ?
सिर्फ़,
बहुत ऊँचे पहाड़ पर चढ़ते बौने।

बौना—जिसको केवल दो पग दीख रहा है।
दो पग आगे
दो पग पीछे
दो पग ऊपर
दो पग नीचे
दो पग की ही केवल जिसकी ज्ञान-परिधि है !
कहाँ पड़ेगा ग़लत क़दम
औ' मीलों लम्बी घाटी मुझको खा जाएगी !

यह अथाह शून्यता
डरा मैं
हाथों से टटोलकर किसको खोज रहा हूँ
यह है पत्थर, ये हैं जड़ें
किन्तु यह क्या है ?
अँधियारे में नरमपरस-सा
किसका हाथ छू गया मुझको ?

"मैं हूँ एक दूसरा बौना
पगडण्डी से ज़रा अलग हट
साथ तुम्हारे मैं चलता आया हूँ अब तक।
हारो मत, साहस मत छोड़ो
मैं भी हूँ बौना, वामन हूँ
किन्तु तीन पग माँगे हैं मैंने धरती से
दो पग तुमको दीख रहा है
उसे पार कर बढ़ो

तीसरा पग तो मुझमें सार्थक होगा
मुझपर छोड़ो,

हर मनुष्य बौना है लेकिन
मैं बौनों में बौना ही बनकर रहता हूँ
हारो मत, साहस मत छोड़ो
इससे भी अथाह शून्य में
बौनों ने ही तीन पगों में धरती नापी।"

पतला पड़ने लगा
दृष्टि रोधी वह परदा
सहसा मुखर हो उठी वह निश्शब्द शून्यता

दीखे नहीं,
मगर चीड़ों ने सन-सनकर मदमाती गन्धोंवाले
पवन सँदेसे भेजे
झुरमुट में सहमी चिड़ियों ने
दबे कण्ठ से मुझे पुकारा
दूर कहीं सुन पड़ा पहाड़ी गाने का स्वर।

थोड़ा-सा विश्वास लौटकर आया मुझमें
दीख नहीं पड़ते हैं
पर इस गहन कुहा में
कितने ही जंगली रास्ते आते-जाते
पथिकों से अब भी सजीव हैं
अपराजित है जिनमें चलने की आकांक्षा।
दीख नहीं पड़ता है सूरज
पर दो शिखरों बीच झर रही
दिव्य ज्योति-सी धूप धुँईली।

नदियाँ नीचे चमक उठीं रूपाडोरी-सी
और दूधिया शीशे में से
झलक उठे हैं वृक्ष बाँझ के, पुल लोहे के,

धीरे-धीरे परतें कटने लगीं धूम की
यहाँ वहाँ पर
पिघले सोने के पानी-सी
धूपक टपकने लगी
गाँव खिल गये फूल-से

बादल जैसे आया वैसे लौट गया है

केवल कुछ बादल के पीछे छूटे टुकड़े
छायादार झाड़ियों में विश्राम कर रहे
जैसे धौरी उजली गायें

एक अकेला चंचल बादल
चाँदी के हिरने-सा घाटी में चरता है !

॥ 'कनुप्रिया' से ॥

सृष्टि-संकल्प

सृजन-संगिनी

सुनो मेरे प्यार–
यह काल की अनन्त पगडण्डी पर
अपनी अनथक यात्रा तय करते हुए सूरज और चन्दा,
बहते हुए अन्धड़
गरजते हुए महासागर
झकोरों में नाचती हुई पत्तियाँ
धूप में खिले हुए फूल, और
चाँदनी में सरकती हुई नदियाँ
इन का अन्तिम अर्थ आख़िर है क्या?
केवल तुम्हारी इच्छा?
और वह क्या केवल तुम्हारा संकल्प है
जो धरती में सोंधापन बन कर व्याप्त है
जो जड़ों में रस बन कर खिंचता है
कोंपलों में फूटता है,
पत्तों में हरियाता है,
फूलों में खिलता है,
फलों में गदरा आता है–

यदि इस सारे सृजन, विनाश, प्रवाह
और अविराम जीवन-प्रक्रिया का
अर्थ केवल तुम्हारी इच्छा है
तुम्हारा संकल्प,
तो ज़रा यह तो बताओ मेरे इच्छामय,
कि तुम्हारी इस इच्छा का,
इस संकल्प का—
अर्थ कौन है?

कौन है वह
जिस की खोज में तुम ने
काल की अनन्त पगडण्डी पर
सूरज और चाँद को भेज रक्खा है
....
कौन है जिसे तुम ने
झंझा के उद्दाम स्वरों में पुकारा है
....
कौन है जिस के लिए तुम ने
महासागर की उत्ताल भुजाएँ फैला दी हैं
कौन है जिस की आत्मा को तुम ने
फूल की तरह खोल दिया है
और कौन है जिसे
नदियों जैसे तरल घुमाव दे-दे कर
तुम ने तरंग-मालाओं की तरह
अपने कण्ठ में, वक्ष पर, कलाइयों में
लपेट लिया है—

वह मैं हूँ मेरे प्रियतम!
वह मैं हूँ
वह मैं हूँ

□ □

और यह समस्त सृष्टि रह नहीं जाती
लीन हो जाती है
जब मैं प्रगाढ़ वासना, उद्दाम क्रीड़ा
और गहरे प्यार के बाद
थक कर तुम्हारी चन्दन-बाँहों में
अचेत बेसुध सो जाती हूँ

यह निखिल सृष्टि लय हो जाती है

और मैं प्रसुप्त, संज्ञाशून्य,
और चारों ओर गहरा अँधेरा और सूनापन—
और मजबूर हो कर
तुम फिर, फिर उसी गहरे प्यार
को दोहराने के लिए
मुझे आधीरात जगाते हो
आहिस्ते से, ममता से—
और मैं फिर जागती हूँ
संकल्प की तरह
इच्छा की तरह

और लो
वह आधीरात का प्रलयशून्य सन्नाटा
फिर
काँपते हुए गुलाबी जिस्मों
गुनगुने स्पर्शों
कसती हुई बाँहों
अस्फुट सीत्कारों
गहरी सौरभ भरी उसाँसों
और अन्नत में एक सार्थक शिथिल मौन से
आबाद हो जाता है
रचना की तरह
सृष्टि की तरह—

और मैं फिर थक कर सो जाती हूँ
अचेत—संज्ञाहीन—
और फिर वही चारों ओर फैला
गहरा अँधेरा और अथाह सूनापन
      और तुम फिर मुझे जगाते हो!

और यह प्रवाह में बहती हुई
तुम्हारी असंख्य सृष्टियों का क्रम
महज हमारे गहरे प्यार
प्रगाढ़ विलास
और अतृप्त क्रीड़ा की अनन्त पुनरावृत्तियाँ हैं—
ओ मेरे स्रष्टा
तुम्हारे सम्पूर्ण अस्तित्व का अर्थ है
मात्र तुम्हारी सृष्टि

तुम्हारी सम्पूर्ण सृष्टि का अर्थ है
मात्र तुम्हारी इच्छा

और तुम्हारी सम्पूर्ण इच्छा का अर्थ हूँ
            केवल मैं!
            केवल मैं!!
            केवल मैं!!!

आदिम भय

अगर यह निखिल सृष्टि
मेरा ही लीलातन है
तुम्हारे आस्वादन के लिए—

अगर ये उत्तुंग हिमशिखर
मेरे ही—रुपहली ढलान वाले
गोरे कन्धे हैं—जिन पर तुम्हारा
गगन-सा चौड़ा और साँवला और
तेजस्वी माथा टिकता है

अगर यह चाँदनी में
हिलोरें लेता हुआ महासागर
मेरे ही निरावृत जिस्म का
उतार-चढ़ाव है

अगर ये उमड़ती हुई मेघ-घटाएँ
मेरी ही बल खाती हुई वे अलकें हैं
जिन्हें तुम प्यार से बिखेर कर अक्सर मेरे पूर्ण-विकसित
चन्दन-फूलों को
ढँक देते हो

अगर सूर्यास्त वेला में
पच्छिम की ओर झरते हुए ये
अजस्र-प्रवाही झरने
मेरी ही स्वर्ण-वर्णी जँघाएँ हैं

और अगर यह रात मेरी प्रगाढ़ता है
और दिन मेरी हँसी
और फूल मेरे स्पर्श
और हरियाली मेरा आलिंगन

तो यह तो बताओ मेरे लीलाबन्धु
कि कभी-कभी 'मुझे' भय क्यों लगता है?

□□

अक्सर आकाशगंगा के
सुनसान किनारों पर खड़े होकर

जब मैं ने अथाह शून्य में
अनन्त प्रदीप्त सूर्यों को
कोहरे की गुफाओं में पंख टूटे
जुगनुओं की तरह रेंगते देखा है
तो मैं भयभीत होकर
लौट आयी हूँ.......

क्यों मेरे लीलाबन्धु
क्या वह आकाशगंगा मेरी माँग नहीं है?
फिर उस के अज्ञात रहस्य
मुझे डराते क्यों हैं?

और अक्सर जब मैं ने
चन्द्रलोक के विराट्, अपरिचित, झुलसे
पहाड़ों की गहरी, दुर्लंघ्य घाटियों में
अज्ञात दिशाओं से उड़ कर आने वाले
धूम्रपुंजों को टकराते और
अग्निवर्णी करकापात से
वज्र की चट्टानों को
घायल फूल की तरह बिखरते देखा है
तो मुझे भय क्यों लगा है
और मैं लौट क्यों आयी हूँ मेरे बन्धु!
क्या चन्द्रमा मेरे ही माथे का
सौभाग्य-बिन्दु नहीं है?

और अगर ये सारे रहस्य मेरे हैं
और तुम्हारा संकल्प मैं हूँ
और तुम्हारी इच्छा मैं हूँ
और इस तमाम सृष्टि में मेरे अतिरिक्त
यदि कोई है तो केवल तुम, केवल तुम,
केवल तुम,
तो मैं डरती किससे हूँ मेरे प्रिय!

और अगर यह चन्द्रमा मेरी उँगलियों के
पोरों की छाप है
और मेरे इशारे पर घटता और बढ़ता है
और अगर यह आकाशगंगा मेरे ही
केश-विन्यास की शोभा है
और मेरे एक इंगित पर इसके अनन्त
ब्रह्माण्ड अपनी दिशा बदल
सकते हैं—
तो मुझे डर किससे लगता है
मेरे बन्धु!

□□

कहाँ से आता है यह भय
जो मेरे इन हिमशिखरों पर
महासागरों पर
चन्दनवन पर
स्वर्णवर्णी झरनों पर
मेरे उत्फुल्ल लीलातन पर
कोहरे की तरह
फन फैला कर
गुंजलक बाँध कर बैठ गया है।

उद्दाम क्रीड़ा की वेला में
भय का यह जाल किस ने फेंका है?
देखो न
इस में उलझ कर मैं कैसे
शीतल चट्टानों पर निर्वसना जलपरी की तरह
छटपटा रही हूँ
और मेरे भीगे केशों से
सिवार लिपटा है
और मेरी हथेलियों से
समुद्री पुखराज और पन्ने

छिटक गये हैं
और मैं भयभीत हूँ!

सुनो मेरे बन्धु
अगर यह निखिल सृष्टि
मेरा लीलातन है
तुम्हारे आस्वादन के लिए
तो यह जो भयभीत है—वह छायातन
किसका है?
किस लिए है—मेरे मित्र?

केलिसखी

आज की रात
हर दिशा में अभिसार के संकेत क्यों हैं?

हवा के हर झोंके का स्पर्श
सारे तन को झनझना क्यों जाता है?

और यह क्यों लगता है
कि यदि और कोई नहीं तो
यह दिगन्त-व्यापी अँधेरा ही
मेरे शिथिल अधखुले गुलाब-तन को
पी जाने के लिए तत्पर है

और ऐसा क्यों भान होने लगा है
कि ये मेरे पाँव, माथा, पलकें, होठ

मेरे अंग-अंग—जैसे मेरे नहीं हैं—
मेरे वश में नहीं हैं—बेबस
एक-एक घूँट की तरह
अँधियारे में उतरते जा रहे हैं
खोते जा रहे हैं
मिटते जा रहे हैं

और भय,
आदिम भय, तर्कहीन, कारणहीन भय जो
मुझे तुम से दूर ले गया था, बहुत दूर—
क्या इसीलिए कि मुझे
दुगुने आवेग से तुम्हारे पास लौटा लावे
और क्या यह भय की ही काँपती उँगलियाँ हैं
जो मेरे एक-एक बन्धन को शिथिल
करती जा रही हैं
और मैं कुछ कह नहीं पाती!

मेरे अधखुले होठ काँपने लगे हैं
और कण्ठ सूख रहा है
और पलकें आधी मुँद गयी हैं
और सारे जिस्म में जैसे प्राण नहीं हैं

मैं ने कस कर तुम्हें जकड़ लिया है
और जकड़ती जा रही हूँ
और निकट, और निकट
कि तुम्हारी साँसें मुझ में प्रविष्ट हो जाएँ
तुम्हारे प्राण मुझ में प्रतिष्ठित हो जाएँ
तुम्हारा रक्त मेरी मृतप्राय शिराओं में प्रवाहित होकर
फिर से जीवन संचरित कर सके—

और यह मेरा कसाव निर्मम है
और अन्धा, और उन्माद भरा; और मेरी बाँहें

नागवधू की गुंजलक की भाँति
कसती जा रही हैं
और तुम्हारे कन्धों पर, बाँहों पर, होठों पर
नागवधू की शुभ्र दन्त-पंक्तियों के नीले-नीले चिह्न
उभर आये हैं
और तुम व्याकुल हो उठे हो
धूप में कसे
अथाह समुद्र की उत्ताल, विक्षुब्ध
हहराती लहरों के निर्मम थपेड़ों से—
छोटे-से प्रवाल-द्वीप की तरह
बेचैन—
....
....
....
....

□ □
उठो मेरे प्राण
और काँपते हाथों से यह वातायन बन्द कर दो

यह बाहर फैला-फैला समुद्र मेरा है
पर आज मैं उधर नहीं देखना चाहती
यह प्रगाढ़ अँधेरे के कण्ठ में झूमती
ग्रहों-उपग्रहों और नक्षत्रों की
ज्योतिर्माला मैं ही हूँ
और असंख्य ब्रह्माण्डों का
दिशाओं का, समय का अनन्त प्रवाह मैं ही हूँ
पर आज मैं अपने को भूल जाना चाहती हूँ
उठो
और वातायन बन्द कर दो
कि आज अँधेरे में भी दृष्टियाँ जाग उठी हैं

और हवा का आघात भी मांसल हो उठा है
और मैं अपने से ही भयभीत हूँ

□□

....

....

लो मेरे असमंजस!
अब मैं उन्मुक्त हूँ
और मेरे नयन अब नयन नहीं हैं
प्रतीक्षा के क्षण हैं
और मेरी बाँहें, बाँहें नहीं हैं
पगडण्डियाँ हैं
और मेरा यह सारा
हलका गुलाबी, गोरा, रुपहली
धूपछाँव वाली सीपी जैसा जिस्म
अब जिस्म नहीं है—
सिर्फ़ एक पुकार है

उठो मेरे उत्तर!
और पट बन्द कर दो
और कह दो इस समुद्र से
कि इस की उत्ताल लहरें द्वार से टकरा कर लौट जाएँ
और कह दो दिशाओं से
कि वे हमारे कसाव में आज
घुल जायँ

और कह दो समय के अचूक धनुर्धर से
कि अपने शायक उतार कर
तरकस में रख ले
और तोड़ दे अपना धनुष
और अपने पंख समेट कर द्वार पर चुपचाप
प्रतीक्षा करे—

जब तक मैं
अपनी प्रगाढ़ केलिकथा का अस्थायी विराम-चिह्न
अपने अधरों से
तुम्हारे वक्ष पर लिख कर, थक कर
शैथिल्य की बाँहों में
डूब न जाऊँ.......

आओ मेरे अधैर्य!
दिशाएँ घुल गयी हैं
जगत् लीन हो चुका है
समय मेरे अलक-पाश में बँध चुका है।
और इस निखिल सृष्टि के
अपार विस्तार में
तुम्हारे साथ मैं हूँ—केवल मैं—

तुम्हारी अन्तरंग केलिसखी!

कन-कन तुम्हें जी कर

अतल गहराई तक
तुम्हीं में डूब कर मिला हुआ अकेलापन,
अँजुरी भर-भर कर
तुम्हें पाने के असहनीय सुख को सह जाने की थकन,

और शाम गहराती हुई
छाती हुई तन मन पर
कन-कन तुम्हें जी कर
पी कर बूँद-बूँद तुम्हें—गाढ़ी एक तृप्ति की उदासी.......

और तीसरे पहर की तिरछी धूप का सिंकाव
और गहरी तन्मयता का अकारण उचटाव
और अपने ही कन्धे पर टिके इस चेहरे का
        रह-रह याद आना
        और यह न याद आना
        कि चेहरा यह किसका है!

उसी ने रचा है

नहीं—वह नहीं जो कुछ मैंने जिया
बल्कि वह सब—वह सब जिसके द्वारा मैं जिया गया

नहीं,
वह नहीं जिसको मैंने ही चाहा, अवगाहा, उगाहा—
 जो मेरे ही अनवरत प्रयासों से खिला
बल्कि वह जो अनजाने ही किसी पगडण्डी पर अपने-आप
 मेरे लिए खिला हुआ मिला

वह भी नहीं जिसके लिए पंख बाँध-बाँध सूर्य तक उड़ा मैं,
 गिरा—गिर गिर कर टूटा हूँ बार-बार
नहीं—बल्कि वह जो अथाह नीले शून्य-सा फैला रहा
 मुझसे निरपेक्ष, निज में असम्पृक्त, निर्विकार

नहीं, वह नहीं, जिसे थकन में याद किया, पीड़ा में
 पाया, उदासी में गाया
नहीं, बल्कि वह जो सदा गाते समय गले में रुँध गया
 भर आया
 जिसके समक्ष मैंने अपने हर यत्न को
 अधूरा, हर शब्द को झूठा-सा
 पड़ता हुआ पाया—

हाय मैं नहीं,
मुझमें एक वही तो है जो हर बार टूटा है
 —हर बार बचा है,

मैंने नहीं बल्कि उसने ही मुझे जिया
पीड़ा में, पराजय में, सुख की उदासी में, लक्ष्यहीन भटकन में
मिथ्या की तृप्ति तक में, उसी ने कचोटा है—
—उसी ने रचा है!

दीदी के धूल भरे पाँव

दीदी के धूल भरे पाँव
बरसों के बाद आज
फिर यह मन लौटा है क्यों अपने गाँव;

अगहन की कोहरीली भोर :
हाय कहीं अब तक क्यों
दूख-दूख जाती है मन की वह कोर!

एक लाख मोती, दो लाख जवाहर
वाला, यह झिलमिल करता महानगर
होते ही शाम कहाँ जाने बुझ जाता है—
उग आता है मन में
जाने कब का छूटा एक पुराना गँवई का कच्चा घर

जब जीवन में केवल इतना ही सच था :
कोकाबेली की लड़, इमली की छाँव!

तटस्थता : तीन आत्मकथ्य

1. रुक्मी की सेना

(महाभारत शुरू होने पर अपनी विशाल सेना लेकर रुक्मिणी का भाई युधिष्ठिर के पास गया। उन्होंने सहायता लेना स्वीकार नहीं किया। फिर वह दुर्योधन के पास गया। उसने भी उसे नहीं स्वीकार किया। वह महाभारत के अठारहों दिन सेना लेकर पड़ा रहा, युद्धक्षेत्र के पास ही।)

युद्ध
हमें सारे दिन
दूर से सुनाई दिया करता था!

हम बड़े जोधा थे, बड़े फौज़दार थे
मगर क्या करते हम
दोनों ही पक्षों को हम अस्वीकार थे

भूल कर भी युद्ध में न जाने के हुक्म थे बहुत कड़े :

वक़्त नहीं कटता था : छावनी में पड़े-पड़े
चौसर खेलते थे
दर्शन हाँकते थे
कौन कहाँ सही है, कौन कहाँ गलत है
बड़ी निष्पक्षता से बैठ कर आँकते थे

हममें से लड़ा नहीं
कोई किसी रूप में
खटिया पर लेटे-लेटे
बाहर धूप में

हममें से हर एक युद्ध को, संकट को
बड़े बारीक़ स्तर पर जिया करता था
बात सिर्फ़ इतनी थी—शामिल नहीं थे हम—
युद्ध हमें दूर से सुनाई दिया करता था!

2. सम्पाती

(जटायु का बड़ा भाई गृद्ध जो प्रथम बार सूर्य तक पहुँचने के लिए उड़ा, पंख झुलस जाने से समुद्र तट पर गिर पड़ा। सीता की खोज में जानेवाले वानर उसकी गुफा में भटक कर उसके आहार बने।)

यह भी अदा थी एक मेरे बड़प्पन की
कि जब भी गिरूँ तो गिरूँ मैं समुद्र पार :
मेरे पतन तट पर गहरी गुफा हो एक—
बैठूँ जहाँ मैं समेट कर अधजले पंख
ताकि वे सनद रहें.......
जिनको दिखा सकूँ कि पहला विद्रोही था मैं
जिसने सूरज की चुनौती स्वीकारी थी
सूरज बेचारा तो अब भी अपनी जगह
उतना ही एकाकी वैसा ही ज्वलन्त है
मैंने, सिर्फ़ मैंने चुनौतियाँ स्वीकारना बेफ़ायदा समझ कर
बन्द कर दिया है अब!

सुखद है धीरे-धीरे बूढ़े होते हुए
गुफा में लेटकर समुद्र को पछाड़ें खाते हुए देखना

कभी-कभी छलाँग कर समुद्र पार करने का
कोई दुस्साहसी इस गुफा में आता है
कहता हूँ मैं आ तू! ओ अनुगामी तू मेरा आहार है!
(क्योंकि आख़िर क्यों वे मुझे याद दिलाते हैं
मेरे उस रूप की, भूलना जिसे अब मुझे ज़्यादा अनुकूल है!)

उनके उत्साह को हिकारत से देखता हुआ

मैं फिर फटकारता हूँ अपने अधजले पंख
क्योंकि वे सनद हैं
कि प्रामाणिक विद्रोही मैं ही था, मैं ही हूँ

नहीं, अब कोई संघर्ष मुझे छूता नहीं
वह मैं नहीं
मेरा भाई था जटायु
जो व्यर्थ के लिए जाकर भिड़ गया दशानन से
कौन है सीता?
और किसको बचाएँ? क्यों?
निरादृत तो आख़िर में दोनों ही करेंगे उसे
रावण उसे हर कर और राम उसे जीतकर
नहीं, अब कोई चुनौती मुझे छूती नहीं
....
गुफा में शान्ति है.......
कौन हैं ये समुद्र पार करने के दावेदार
कह दो इनसे कि अब यह सब बेकार है
साहस जो करना था कब का कर चुका मैं
ये क्यों कोलाहल कर शान्ति भंग करते हैं
देखते नहीं ये
कि सुखद है मेरे लिए झुर्रियाँ पड़ती हुई पलकें उठा कर
गुफा में पड़े-पड़े समुद्र को देखना.......

3. बलराम

(कृष्ण के क्रोधी भाई जो युद्ध के दौरान कन्धे पर हल ले कर दूर-दूर घूमते रहे)

उसने चुना पांचजन्य
मैंने लिया हल काँधे
वह बना अगुआ
उसने युद्ध के व्यूह बाँधे

मैं रहा अलिप्त,
मैंने अथक पद-यात्रा की, गाँव-गाँव, खेत-खेत
बीच-बीच में मैंने युद्ध पर निर्णय दिए
भीम है गलत और सही है दुर्योधन
(तुम चाहे लड़ो पर मानो मुझे सन्त जन)

मेरा शान्ति प्रवचन
'कोई मुझे वैरी नहीं कोई मुझे प्यारा नहीं'
(मुँह-दर-मुँह मैंने कभी संकट स्वीकारा नहीं)

जिसे युग बदलना हो
वह रहे बदलता
मैं तो सन्तुष्ट हूँ
भोले गाँव वालों की कृपा पर पलता!
न मैं पक्ष में हूँ, न मैं विरोधी हूँ
युग से असंगत हूँ
नहीं किसी पर कुछ मेरा वश चलता
इसीलिए क्रोधी हूँ!

पुराना क़िला

(भारत के स्वातन्त्र्योत्तर इतिहास का सबसे पहला और सबसे बड़ा हादसा था अक्तूबर 1962 में चीन का आक्रमण। उसने न केवल सारे देश को हतप्रभ कर दिया था, हमारी दुःखद पराजय ने अब तक पाले हुए सारे सपनों के मोहजाल को छिन्न-भिन्न कर दिया था और मानो एक ही चोट में नेहरू युग की सारी विसंगतियाँ उजागर हो गयी थीं और खुद नेहरू, जिन्हें सारा देश प्यार करता था, पक्षाघात से पीड़ित पड़े थे।

विचित्र यह था कि इस भयानक शून्य को किन्हीं नये मूल्यों से या आदर्शों से भरने की चिन्ता करने के बजाए चिन्ता थी 'नेहरू के बाद कौन?' और सियासत के खेल खेले जाने लगे थे।

उस सारी भयावह परिस्थिति में उभरा था यह बिम्ब—सन् '63 में। कई महीनों के दौरान लिखी गयी थी यह कविता—'पुराना क़िला।')

ख़ा...मो...श!
बोलो मत...
एक भी आवाज़, एक भी सवाल, लबों की हल्की-सी जुम्बिश भी नहीं
नहीं, एक हल्की-सी दबी हुई सिसकी भी नहीं!

हर दीवार के कान हैं
और दीवार के इस पार का हर कान
दीवार के उस पार चुगलख़ोर मुँह बन जाता है
जहाँ शहंशाह
हकीमों, नजूमियों, खोजों और नक़्शानवीसों से घिरे
अपनी ज़िन्दगी की आख़िरी रात गुज़ार रहे हैं!

ख़बरदार!

हिलो मत!
सजदे में झुकने वाला हर धड़ दुआ माँगते हुए
      सिर से अलग कर दिया जाएगा
शहंशाह को भरोसा नहीं कि कौन दुआ माँगने वाला
अपने लबादे में ख़ंजर छुपाकर लाया हो!
क़िले के बाहर रौंदी हुई फसलें, बिछी हुई लाशें, जले हुए गाँव, भुखमरे लोग :
क्या तुम्हारी दुआ उन्हें लगी जो शहंशाह को लगेगी?

मौत क़िले के आँगन में आ चुकी है
और शहंशाह के नक़्शानवीस अभी तजवीज़ें पेश कर रहे हैं
कि क़िले की दीवारें ऊँची कर दी जायँ
खाइयों में खौलता पानी दौड़ा दिया जाय
फाटकों पर ज़हर-बुझे नेजे जड़ दिए जायँ
अँधेरा, बिलकुल अँधेरा कर दिया जाय

अँधेरा घुप!
कौन है जो चादर, अगरबत्ती, बेले के फूल और चिराग़ लाया है
साज़िश! ख़तरा! दौड़ो दौड़ो दौड़ो अलमबरदारो
खंजर से टुकड़े-टुकड़े कर दो ये चादर, ये गजरे, ये चिराग़
मान लिया कि इस अभागिन के बाप, भाई, प्रेमी और बेटे
शहंशाह की ख़ामख़्याली से ऊबड़खाबड़ घाटियों में जाकर खेत रहे
पर इसे क्या हक है कि यह
उनके मजार पर इस अँधेरी रात चिराग़ रक्खे
उस टिमटिमाती रोशनी में मौत को
शहंशाह के कमरे तक जाती हुई पगडण्डी दीख गयी तो?

न एक चिराग़
न एक जुम्बिश
न एक आवाज़

ख़ा मो श!

कौन है जो अँधेरे में मुट्ठियाँ कसे
होठ भींचे एक शब्द के लिए छटपटाता है.......

ख़ ब र दा र.......

बा अदब
बा मुलाहिज़ा
रास्ता छोड़ो
पीछे हटो
जानते नहीं कौन जा रहे हैं?

हँसो मत बेअदब!
दुःख की घड़ी है
दीवाने-ख़ास के ख़ासुलख़ास विदूषक क़तार बाँधे अपने गाँव लौट रहे हैं।
ये हैं जिन्होंने दरबार को हर संकट में राहत दी
क़त्लगाह में लुढ़कते हर विद्रोही सिर को
इन्होंने गेंद की तरह उछाल कर दरबार को हँसाया
रियाया के आँसुओं से अभिनन्दन पिरोए
खिंची हुई खालों को ढोलक पर मढ़कर तुकबन्दियाँ बजायीं।

अगर मरते वक़्त भी ये जहाँपनाह से शिरोपेच और अपनी दक्षिणा
लेने गये
तो इन पर खीजो मत—तरस खाओ!
तुम्हें क्या मालूम कि ये बरसों पहले अपने कुटुम्बियों
पड़ोसियों और गाँववालों की फ़रियाद लेकर आये थे
जहाँपनाह को असलियत बताने!

इनके भयभीत देहातीपन ने जहाँपनाह की दिलबस्तगी की
और तब से ये भयभीत बने रहे दिलबस्तगी की ख़ातिर

हँसो मत

इनके ज़रीदार दुपट्टों और बड़ी पागों पर!
ये बड़े लोग हैं–
छोटा सा मुँह लेकर अपने गाँवों को लौटते हुए

इनसे इनके कुटुम्बी, पड़ोसी, गाँववाले पूछेंगे
कि क्या तुमने शहंशाह को असलियत बतायी
तो ये किसमें मुँह छिपाएँगे बिना इन पागों और ज़रीदार दुपट्टों के
पीछे हटो नासमझो
कौन बेदर्द है जो
मखौल में इनके दुपट्टे खींचता है, पगड़ी उछालता है!

बा अदब
बा मुलाहिज़ा!

एक धुपधुपाती हुई बेडौल मोमबत्ती
ख़ुफिया सुरंगों ज़मीदोज़ तहख़ानों, चोर-दरवाज़ों और टेढ़े-मेढ़े जीनों पर
घुमायी जा रही है
दीवारों पर खुदे ये किसके पुराने नाम फिर से दर्ज़ किये जा रहे हैं?

ये उन अमीर उमरावों के नाम हैं जिन्होंने कभी
मुहरें और पुखराज
बच्चों के मुँह से छीने हुए कौर
नीलम और हीरे
औरतों के बदन से खसोटे हुए ज़ेवर
चमड़े की मुहरबन्द थैलियों में भर कर
शहंशाह को पेशेनज़र किए थे!

उनसे क़िले की दीवारें मज़बूत की गयीं
उनसे बेगमात के लिए बिल्लौरी हौज़ बने
उनसे दीवानख़ानों के लिए फ़ानूस ढलवाए गये
उनसे मरमरी फ़र्शों पर इत्र का छिड़काव हुआ

उनसे इन्साफ़ के घण्टे के लिए ठोस सोने की ज़ंजीर ढलवायी गयी
और अब उन तमाम बदनीयत अमीर उमरा के नाम
क़त्ल का परवाना भेजा जा रहा है
ताकि ख़ुदा के सामने पेशी के वक़्त
पाक नीयत शहंशाह के ज़मीर पर
कोई दाग़ न छूट जाए

एक धुपधुपाती हुई मोमबत्ती
बिल्लौरी हम्मामों, अन्धी सुरंगों, ख़ुशनुमा फ़ानूसों, ख़ौफ़नाक तहख़ानों
इत्र धुले फ़र्शों, चोरदरवाज़ों में से घुमायी जा रही है
दीवारों पर खुदे पुराने नामों की शिनाख़्त के लिए

उनमें शहंशाह के हमप्याला हमनेवाला ज़िगरी दोस्तों के नाम हैं!

गजर बजेगा मायूस आवाज़ में
और सहर होते ही महल का मातमक़दा खोल दिया जाएगा!
लटके हुए काले परदे, खुली हुई पवित्र पुस्तकें!

लोग मगर ज़्यादा मुस्तैद हैं ताजपोशी के सरंजाम में
पायताने बैठे हुए लोगों का मातम में झुका हुआ सिर
ताज पहनने के लिए उठने का अभ्यास करना चाहता है!

मगर बादशाह ने हाथ के इशारे से लुहार बुलवाए हैं
वे ताज को पीट-पीट कर चौड़ा कर रहे हैं।
कल सुबह जब ताज पहनने के लिए सिर एक-एक कर आएँगे
तब ताज कहीं बड़ा लगेगा और सिर बहुत छोटे
और एक-एक कर इन सिरों से ताज
और इन धड़ों से सिर उतार दिए जाएँगे

कल सुबह शहंशाह न होगा
पर बाद मदफ़न उस पुरमज़ाक़ बादशाह का

यह आख़िरी मज़ाक अदा होगा
जिसे देखकर
हँसते-हँसते लोटपोट हो जाएगी वह तमाशबीन रियाया
जो हँसना खिलखिलाना जाने कब का भूल चुकी है!

या मेरे परवरदिगार
मुझ पर रहम कर!

बदनसीब ख़ुसरू की आँखों में दाग़ी गर्म सलाखों से
ज़ियादा तकलीफ़देह है इस बेडौल असलियत को अपनी आँखों देखना
और इसके बाबत कुछ भी न कर पाना!

काश कि मैं भी अपनी निगाहें फेर सकता
मगर मैं क्या करूँ कि तूने मुझे निगाहें दीं कि मैं देखूँ
      और मैं तेरे देने को झुठला नहीं पाता!

मौत क़िले के आँगन में घूम रही है
और वे हैं कि अभी क़िले की दीवारें ऊँची कर रहे हैं
खाइयों के पास कँटीले झाड़ बोये जा रहे हैं जिनकी जड़ें
क़ब्र में दफ़न नौजवानों की पसलियों में फूटेंगी

ओ!
तूने मुझे क्यों भेज दिया इस पुराने क़िले में इस अँधेरी रात :
जहाँ मैं छटपटा रहा हूँ
उस बेचैन चश्मदीद पुकार की तरह जिसे एक-एक शब्द के लिए
      मोहताज कर दिया गया हो!

ख़ामोश!
ख़बरदार!!
....

धीरे-धीरे अन्दरूनी मौत

ज़रूरी नहीं कि कोई दर्दनाक वाक़या घटे
कोई जवान मौत, कोई विस्फोटक दुखान्त
चट्टान से किसी जहाज़ की टकराहट
        ज़रूरी नहीं

होने को
यह कभी भी हो सकता है यहाँ
किसी अँधेरे मोड़ पर गला घोट कर मारे जाते हुए
किसी राहगीर की घिघियाती अमानुषिक चीख
भरी ट्रक के सामने आता हुआ बच्चा
        ....ओ ऽ ऽ ऽ
ज़रूरी नहीं कि तुम बेचैन हो
या सोचो कि यानी कि
सोचो ही नहीं
यह सब महज़ गाड़ी के शीशे के पार का
एक काँपता हुआ बेमानी दृश्य

अकस्मात् पहिए के नीचे
कुचल जाय एक कबूतर और ख़ून और पंख
पहिए के साथ घूमते हुए लगातार
एक बार
या बार-बार और तुम सोचो.......
यानी कि कुछ सोचो ही नहीं
मुमकिन है!

ज़रूरी नहीं कि कोई दर्दनाक वाक़या घटे

बस यूँ ही किसी बम्बइया बरसात की दोपहर
तुम अनमने बैठे हो
ख़ाली दिमाग़ खिड़की के पार समुद्र देखते हुए
और चौखट से झूलती
एक अकेली बूँद
ख़ामोश चू पड़ने के पहले
भरसक थमे, रुके, फिर गिरे
और शीशे पर एक लकीर बनाती चली जाय

और तुम अकस्मात् पाओ कि
समुन्दर दो फाँक हो गया है.......
और एक लकीर उभर आयी है तुम्हारे अन्दर
अकस्मात् सन्नाटा चीर कर फिर चीख़ उठा है वही
अँधेरे मोड़ पर मारा जाता हुआ आदमी
ट्रक के सामने आता हुआ बच्चा
और तुम सब छोड़कर कूद पड़े हो
"डरो मत! मैं हूँ! मैं हूँ!"
और बेख़ौफ़ तुमने हाथ दे दिया है पहिए और डरे हुए कबूतर के बीच

या.......
ज़रूरी नहीं यह भी
कि तुम्हें याद आये.......
सिवा एक रोज़-रोज़ रोज़मर्रा की मद्धिम मौत
शीशे पर धीरे-धीरे फिसलती हुई चारों ओर
तुम्हारे लिए!
ज़रूरी नहीं कि कोई दर्दनाक वाक़या घटे
कोई विस्फोटक दुखान्त.......

दरबार में एक नवागन्तुक

गणतन्त्र दिवस '68

(उस वर्ष आकाशवाणी से राष्ट्रीय कविसम्मेलन में कविता पढ़ने का आमन्त्रण पाकर यह कविता लिखी गयी और आकाशवाणी ने बिना एक शब्द की काट छाँट के प्रसारित की)

मुबारक
हज़ार
सद हज़ार बार
ये जश्न, ये जुलूस, ये झण्डियाँ, बन्दनवार
दिग्-दिगन्त जय-जयकार!

मैं एक नाचीज़ अपने गाँव-जवार
से आपके दरबार
में आया हूँ डरते-डरते
न कोई स्तुतिगीत
न कोई उपहार
इस बार.......
माफ़ करें!
तलाशी?
शक है बेकार
ये बग़ल में दबी
लबादे में छिपी छोटी-सी पुरानी पोटली
इसमें कुछ नहीं एकदम
न कोई बम
न हरबा, न हथियार

इसमें चन्द शब्द हैं श्रीमान्
जो मेरे पिता के पिता के पिता ने मरते वक़्त सौंपे थे
कि जब सड़क पर से बेगुनाहों का ख़ून धुल जाय
गजर बजे, ज़ंज़ीरें टूटें और राह खुल जाय
तब इसे खोलना
खुल कर पूरी आवाज़ में बोलना

दर्दनाक सदियाँ
जले हुए गाँव, रौंदी हुई फ़सलें
लाशों पटी नदियाँ :
साक्षी हैं कि उन्होंने क्या नहीं सहा
पर इन शब्दों के अलावा
कोई उधार का सत्य
उन्होंने नहीं कहा, नहीं कहा!

इसके लिए पीढ़ी-दर-पीढ़ी बग़ावत होती रही
ज़ालिमों के ख़िलाफ़
एक बात है साफ़
कि इस जर्जर पोटली का एक-एक शब्द कोहनूर है—
—मेरे लिए—
लेकिन शायद इन शब्दों की मुक्ति का दिन अभी दूर है.......

बेअदब नहीं हूँ
नतशिर हूँ मैं।
जानता हूँ सर्व-फलदायक है आपका दान
फिर, हर पुकार पर छिपने की कोशिश क्यों करता हूँ
शक है बेकार : डरता हूँ
कि कहीं हाथ फैलाने में हाथ से न छूट जाय
वह जो सचमुच है मेरे लिए मूल्यवान
(मरते वक़्त कह गये थे वे
कि जो भी पड़े सहना
पर जिसे सच समझो तुम
केवल वही केवल वही कहना!)

इसलिए यह थाती मुझे ख़ामोश सहने दें
जलसे से अलग चुपचाप खड़ा रहने दें
        आपको कमी क्या है? आप सर्वशक्तिमान
        देखता हूँ द्वारे पर करता है जयगान
        कितना बड़ा जुलूस,
        (यद्यपि नहीं उसकी अपनी कोई ज़ुबान)
        बोलते हैं बेजुबान चलते हैं बिना पाँव
        चमत्कार! चमत्कार!

फिर ख़याल आता है अकेले में
शायद बेकार की हो मेरी ही उदासी
        क्या नहीं है मेले में
फूलों के रथ—घोड़ों की टापें—नाचते वनवासी
मुग्ध जनसाधारण, विद्वन्मण्डल विभोर
यही भाव सभी ओर—
"जनता कितनी खुश है जनता अब राजा है
क्या शानोशौक़त है क्या बैण्डबाजा है
        मुबारक
        हज़ार
        सद हज़ार बार
ये जश्न, ये जुलूस, झण्डियाँ, बन्दनवार
        दिग्-दिगन्त जय-जयकार।"

पत्नी

थकी हुई—बेहोश—बच्चों के बीच
सोयी है एक लड़की
जो आधी-आधी रात महकते आम के बौर
का जादू महसूस करती थी—मेरे
पास, बात पर बात, होठों के बीच तलाशते होठ
एक छोटा-सा शब्द जो नाम दे सके उस सबको
जो था मेरे और उसके बीच—घेरे था हमें
जिसके पीछे पागल हम विराट् अज्ञात में मुड़ गए थे
जुड़ गये थे हम प्रणामबद्ध हाथों की तरह

दिन भर की थकान, अलगाव, कभी-कभी दरार
तनाव, तकरार के बाद सोयी है एक लड़की
नींद में तलाशती हुई वे जूही के फूल
जो बिस्तर में मसल कर नीचे गिर गये थे
तलाशती हुई वह समुद्र का ज्वार—क्वाँरी माँग के पार—
वह संसार जो बना था सिर्फ़
फूल और धूप और नशे और प्यास से
और छत पर चाँदनी में पीपल पत्तों-से काँपते
निर्वसन शरीर के उजास से
नींद में
बरसों बाद उमगता है वह छोटा-सा शब्द
जिसे डाल से लाल कनेर की तरह तोड़ने को वह बढ़ाती है हाथ—
हाथ जो असल में थपकी देता है पास में कुनमुनाती हुई
बच्ची को और थकान की अस्फुट कराह के साथ
करवट बदल कर वह फिर बह जाती है

उसी लौटते ज्वार में जहाँ
महकते आम की सुगन्ध जाल में छटपटाती है सोन मछली
और वह तुरन्त लौट आती है क्योंकि किनारे पर है दूसरा बच्चा–
तखत से–कहीं गिर न जाय–

थकी हुई बेहोश, बच्चों के बीच
सोयी है एक लड़की–और
आम के बौर और बसन्त की धूप और
छत की चाँदनी जाग-जाग कर तलाशते हैं वह एक शब्द
छोटा-सा शब्द जो जूही के मसले फूल की तरह बिस्तर से
पता नहीं कब कहाँ गिर गया!

द्वार

एक अकेलेपन से दूसरे अकेलेपन
में पहुँचते हुए मैं हर बार प्यार में से गुज़रा हूँ

एक गहरा छायादार रास्ता, धीरे-धीरे रेगिस्तान की पगडण्डी
में बदलता हुआ जिस पर आगे बढ़ना मुश्किल है, पीछे लौटना
असम्भव, वह रास्ता जो हर रात मेरे सपनों में से गुज़रता
हुआ सुबह की पराजित ऊब में फिर उठ खड़ा होता है चलने के लिए
लेकिन कहाँ
सब कुछ है यहाँ—वही नम काँपते होठों पर भटकती उँगलियाँ
और अस्फुट फूटते शब्द
और टूटती साँसों की गरम आँच और यह अहसास
कि दरवाज़े के बाहर छोड़ आया था जिसे,
खिड़की से झाँकने लगा है वही अकेलापन

कि प्यार सिर्फ़ एक टूटी गिरी इमारत में खड़ा
एक साबुत द्वार है जिसे धड़कते दिल से खोल कर हम सूनेपन से
सूनेपन में पहुँच जाते हैं.......

सोनारू के नाम

(देश विदेश कहाँ नहीं घूमा, लगभग आधा संसार, लेकिन जो अपनापन मारिशस में पाया वह कहीं नहीं मिला। आज भी उससे जाने कहाँ जुड़ा हूँ।

जितना सुन्दर है वह द्वीप उतना ही करुण है उसका इतिहास। ज़बर्दस्ती पकड़कर ले जाए गये लाखों पूर्वी भारतीय, कोड़े बरसाकर गुलाम की तरह रखे गये। उन्हीं में से एक मिले सोनारू। उम्र लगभग 105, झुर्रीदार साँवला चेहरा और दो आँखें, बाहर नहीं बल्कि अन्दर कहीं देखती हुई, याद करती हुई सारा भयानक इतिहास।

उन्हीं सोनारू भैया के नाम।)

चाँद तीखा कटावदार
एक पतली नदी
तेज़ आरी की तरह पहाड़ को चीरती हुई
हरियाली में फैलती जाती है धार-धार!
    सोनारू भैया,
    तुम्हारी बातों से ज़्यादा याद आती हैं मुझे
    तुम्हारी बूढ़ी गीली आँखें
    तुम्हारी चमकदार काली जिल्द की झुर्रियाँ, जिनमें
    बिहार की गंगा सूखी पड़ी है!
सोनारू,
तुम्हारे दादा से ठगों ने कहा कि
मुरिश चलो
उस तिलिस्मी द्वीप में
पत्थर तोड़ो तो गिन्नी निकलती है

एक फटी गोनी में लिपटे

तुम्हारे पुरखे
पत्थर तोड़ते रहे, और गिन्नियाँ
रेनी साहब की तिज़ोरी में जमा होती रहीं
और समुद्र में भटकी हुई गंगा मैया जैसी तुम्हारी माँ
बड़े साहब की शराबी साँस से मैली होती रही
और तुम्हारी हड्डियाँ उनके बूटों की ठोकरों से टूटती रहीं

सोनारू,
मुझसे लोगों ने कहा कि भूल जाओ
यह जब था, तब था, अब तो
मन मोह लेते हैं यहाँ
पहाड़ी ढलानों पर ख़ुशनुमा जंगल,
और नगीनों में जड़े हीरे-सी झीलें
पर मैं क्या करूँ कि
गन्ने के खेतों से गुज़रते हुए मुझे
सुन पड़ती हैं कोड़ों की आवाज़ें
और लम्बी धारदार पत्तियों पर दीखती है
फटे हुए सिरों से टपकती रक्तधार
चीड़ के झनझनाते जंगलों में लटके फँसियारे
और झील में से प्रेत-स्वरों में मुझे बुलाते हैं पनडुब्बे!

और जब मैं कहीं भी अकेला खड़ा निहारता हूँ
यह जादू भरा नीलम द्वीप
तुम जाने कहाँ से चुपचाप लँगड़ाते
आकर खड़े हो जाते हो मेरे पास
और मैं देखता हूँ तुम्हारी बूढ़ी आँखें
जिनमें एक गीला इतिहास है
तेज़ आरी धार वाली नदी
मगर ख़ामोश मजबूर
क्योंकि वही पुराने बूट और कोड़े और गालियाँ
नये ख़ूबसूरत विदेशी शब्द बन कर
पहाड़ की तरह उठ आये हैं चारों ओर!

सोनारू,
तुम्हारे दादा गुज़र गये
लेकिन ज़रा देख लो कि ठग अभी बाक़ी तो नहीं हैं।

मैं इतने जादू-भरे सौन्दर्य से घिरा
इस कटावदार चाँद और पहाड़ी झरने के पास
उदास खड़ा हूँ,
जाते समय ले जाऊँगा अपने साथ
सिर्फ़ यह हरे पन्ने-सा ख़ूबसूरत समुद्र
और तुम्हारी झुर्रियों में सूखी बिहार की गंगा की
एक मुट्ठी रेत–

सोनारू भैया!

(जो मज़दूर फाँसी लगाकर मर जाते थे उनके प्रेत को फाँसियारा और जो पानी में डूबकर मरते थे उनके प्रेत को पनडुब्बे कहा जाता था)

प्यार—पकी उम्र का

हर छुवन
एक डायरी है जिसमें
नीले फूलों से लिखी इबारतें
बोल उठती हैं,
क्वाँरे रतजगों का खुमार
हर सिहरन में काँप जाता है
और उभारों पर ठहरा होठ
कितनी दूरियाँ नाप आता है

गोकि उम्र के साथ पक गया है प्यार
और ख़ामोश हो गये हैं शब्द
        कुछ उदास कुछ सर्द
और गहरे झगड़ों की खरोंच
कभी-कभी पिरा उठती है
मगर अब मीठा लगता है वह भी दर्द

बड़े मज़बूत हाथों में गुँथा
एक नरम हाथ
बहुत गहराया साथ
निश्शब्द चुपचाप
अर्थ खोजता, पाता, —अनायास
अपने-आप!

प्रार्थना

अभी भी सच है
चोंच में तिनका उठाये चहचहाती एक चिड़िया—
धूप झरती जालियों से—
हवा में हिलती हुई टहनी—
ओस से नम घास पर पग-चिह्न—
      अभी भी सच है!

पर कहाँ है
वह घरौंदे-सा खिलौना एक आँगन?
कहाँ हैं वे अँजुरियाँ जो फूल की ढेरी सरीखी धूप भर कर
छींट देती थीं बरोठे पर
कहाँ हैं वह टहनियों जैसी उमगती बाँह
कहाँ हैं वे नर्म नाज़ुक पाँव जो नम घास की
हल्की छुवन से सिहर जाते थे?

      अभी भी सच है मगर
      यह चोट खाया मन
ओस से नम घास पर जो प्रेत जैसा भटकता है
बिना कोई चिह्न छोड़े, हवाओं के पार
बिछता धूप में—
हर चहकती हुई चिड़िया के लिए चुप प्रार्थना करता—
पंख भी छिन जायँ जिसके
उसे भी दो-चार कण आकाश मिलता रहे—नीड़ वह पाये न पाये!

चहचहाती एक चिड़िया चोंच में तिनका उठाये।
अभी भी सच है!

(एमर्जेन्सी शायद घोषित हो चुकी थी—तानाशाही का ख़ौफ़नाक आतंक हवा में था—क्या चहकने की आज़ादी सदा के लिए छिन जाएगी या...ऐसे में एक सुबह धूप में चहकती गौरैया को देख कर)

मुनादी

खलक़ खुदा का, मुलुक बाश्शा का
हुकुम शहर कोतवाल का.......
    हर ख़ासो-आम को आगाह किया जाता है
    कि ख़बरदार रहें
    और अपने-अपने किवाड़ों को अन्दर से
    कुण्डी चढ़ाकर बन्द कर लें
    गिरा लें खिड़कियों के परदे
    और बच्चों को बाहर सड़क पर न भेजें
        क्योंकि
एक बहत्तर बरस का बूढ़ा आदमी अपनी काँपती कमज़ोर आवाज़ में
सड़कों पर सच बोलता हुआ निकल पड़ा है!

शहर का हर बशर वाक़िफ़ है
कि पच्चीस साल से मुज़िर है यह
कि हालात को हालात की तरह बयान किया जाय
कि चोर को चोर और हत्यारे को हत्यारा कहा जाय
कि मार खाते भले आदमी को
और अस्मत लुटती औरत को
और भूख से पेट दबाये ढाँचे को
और जीप के नीचे कुचलते बच्चे को
बचाने की बेअदबी की जाय!
    जीप अगर बाश्शा की है तो
    उसे बच्चे के पेट पर से गुजरने का हक़ क्यों नहीं?
    आख़िर सड़क भी तो बाश्शा ने बनवायी है!
बुड्ढे के पीछे दौड़ पड़ने वाले

अहसान फ़रामोशो! क्या तुम भूल गये कि बाश्शा ने
एक ख़ूबसूरत माहौल दिया है जहाँ
भूख से ही सही, दिन में तुम्हें तारे नज़र आते हैं
और फ़ुटपाथों पर फ़रिश्तों के पंख रात-भर
तुम पर छाँह किये रहते हैं
और हूरें हर लैम्पपोस्ट के नीचे खड़ी
मोटर वालों की ओर लपकती हैं
कि जन्नत तारी हो गयी है जमीं पर;
तुम्हें इस बुड्ढे के पीछे दौड़कर
भला और क्या हासिल होने वाला है?

आख़िर क्या दुश्मनी है तुम्हारी उन लोगों से
जो भलेमानुसों की तरह अपनी कुरसी पर चुपचाप
बैठे-बैठे मुल्क की भलाई के लिए
रात-रात जागते हैं;
और गाँव की नाली की मरम्मत के लिए
मास्को, न्यूयार्क, टोकियो, लन्दन की ख़ाक
छानते फ़क़ीरों की तरह भटकते रहते हैं.......

तोड़ दिये जाएँगे पैर
और फोड़ दी जाएँगी आँखें
अगर तुमने अपने पाँव चल कर
महल-सरा की चहारदीवारी फलाँग कर
अन्दर झाँकने की कोशिश की!

क्या तुमने नहीं देखी वह लाठी
जिससे हमारे एक कद्दावर जवान ने इस निहत्थे
काँपते बुड्ढे को ढेर कर दिया?
वह लाठी हमने समय मंजूषा के साथ
गहराइयों में गाड़ दी है
कि आनेवाली नस्लें उसे देखें और
हमारी जवाँमर्दी की दाद दें

अब पूछो कहाँ है वह सच जो
इस बुड्ढे ने सड़कों पर बकना शुरू किया था?
हमने अपने रेडियो के स्वर ऊँचे करा दिये हैं
और कहा है कि जोर-जोर से फ़िल्मी गीत बजाएँ
ताकि थिरकती धुनों की दिलकश बलन्दी में
इस बुड्ढे की बकवास दब जाय!

नासमझ बच्चों ने पटक दिये पोथियाँ और बस्ते
फेंक दी है खड़िया और स्लेट
इस नामाकूल जादूगर के पीछे चूहों की तरह
फदर-फदर भागते चले आ रहे हैं
और जिसका बच्चा परसों मारा गया
वह औरत आँचल परचम की तरह लहराती हुई
सड़क पर निकल आयी है

ख़बरदार यह सारा मुल्क तुम्हारा है
पर जहाँ हो वहीं रहो
यह बग़ावत नहीं बर्दाश्त की जाएगी कि
तुम फ़ासले तय करो और
मंज़िल तक पहुँचो

इस बार रेलों के चक्के हम खुद जाम कर देंगे
नावें मँझधार में रोक दी जाएँगी
बैलगाड़ियाँ सड़क-किनारे नीमतले खड़ी कर दी जाएँगी
ट्रकों को नुक्कड़ से लौटा दिया जाएगा
सब अपनी-अपनी जगह ठप!
क्योंकि याद रखो कि मुल्क को आगे बढ़ना है
और उसके लिए ज़रूरी है कि जो जहाँ है
वहीं ठप कर दिया जाय!

बेताब मत हो
तुम्हें जलसा-जुलूस, हल्ला-गुल्ला, भीड़-भड़क्के का शौक है

बाश्शा को हमदर्दी है अपनी रियाया से
तुम्हारे इस शौक को पूरा करने के लिए
बाश्शा के ख़ास हुक्म से
उसका अपना दरबार जुलूस की शक्ल में निकलेगा
दर्शन करो!
वही रेलगाड़ियाँ तुम्हें मुफ़्त लाद कर लाएँगी
बैलगाड़ी वालों को दोहरी बख़्शीश मिलेगी
ट्रकों को झण्डियों से सजाया जाएगा
नुक्कड़ नुक्कड़ पर प्याऊ बैठाया जाएगा
और जो पानी माँगेगा उसे इत्र-बसा शर्बत पेश किया जाएगा
लाखों की तादाद में शामिल हो उस जुलूस में
और सड़क पर पैर घिसते हुए चलो
ताकि वह ख़ून जो इस बुड्ढे की वज़ह से
बहा, वह पुँछ जाय!

बाश्शा सलामत को ख़ूनख़राबा पसन्द नहीं!

(तानाशाही का असली रूप सामने आते देर नहीं लगी। नवम्बर की शुरुआत में ही हुआ वह भयानक हादसा। जे.पी. ने पटना में भ्रष्टाचार के ख़िलाफ़ रैली बुलायी। हर उपाय करने पर भी लाखों लोग सरकारी शिकंजा तोड़ कर आये। उन निहत्थों पर निर्मम लाठी-चार्ज का आदेश दिया गया। अख़बारों में धक्का खाकर नीचे गिरे हुए बूढ़े जे. पी., उन पर तनी पुलिस की लाठी, बेहोश जे.पी. और फिर घायल सिर पर तौलिया डाले लड़खड़ा कर चलते हुए जे.पी.।
दो-तीन दिन भयंकर बेचैनी रही, बेहद गुस्सा और दुःख...9 नवम्बर रात 10 बजे यह कविता अनायास फूट पड़ी)

प्रभु के लिए वर्षों बाद फिर एक कविता

धन्यवाद
कृतज्ञ भाव से
कि जब ताज़िन्दगी तनाव से
मुरदा हो गयीं—संवेदन शिराएँ
तब तुमने ज्योति की उँगली बढ़ा कर मुझे छुआ.......
        कुछ नहीं हुआ!

        फिर भी—धन्यवाद!

ज़ंज़ीरें जब गोश्त में भिद कर
हड्डियों में गुँथ गयीं
और दीवारें से टकरा-टकरा कर बुझ गयी दृष्टि
तब तुमने कहा--'बधाई—मुक्ति जीत ली तुमने आख़िरकार'
....
आजीवन कारागार में सिमट आये सारी सृष्टि
या सारी मुक्त सृष्टि बन जाय एक विराट् कारागार
        क्या फ़र्क़ पड़ता है अब—
        व्यर्थ है, सब
        फिर भी—धन्यवाद!
हथकड़ियों से लहूलुहान अपना हाथ भी अब मुझसे छुआ जाता नहीं
फिर भी अनेकानेक आभार क्योंकि अकृतज्ञ मुझसे हुआ जाता नहीं

    लड़ाई बेअन्त थी और नाबराबरों की
    क्योंकि तुम सर्वशक्तिमान
    और मैं एक मामूली इन्सान

जिसके हज़ार भ्रम थे—सिर्फ़ एक चीज़ मुकम्मल थी—ईमान
और ईमान की कोई गिनती है भी तुम्हारी पद्धति में? मैं नहीं जानता!

इतना जानता हूँ कि लड़ाई बेपनाह थी
मगर हर फिसलन गवाह है कि तोड़ दिये जाने पर भी
मैं अपने ही पाँवों से चला
भले घिसट कर
यह बात दूसरी है कि हर मोड़ पर
तुम्हारे दिये नक़्शों ने मुझे छला
कौन-सा हिमालय है जिस पर मैं मरण-राही अर्जुन की तरह नहीं गला
पर उस ख़ूँख़ार बर्फ़ में ख़ुद समूचा गल जाने की शर्त
पाल कर भी
बचा लाया ऊष्मा की एक पर्त
मगर क्यों?
क्या इसीलिए
कि उसे क्षमाशील मन से धन्यवाद कह सकूँ
जिसने ये अकारण बेहिसाब कष्ट दिये?
और उसे अब मुक्ति के लिए धन्यवाद कह कर
चुपचाप बाक़ी दिन निष्काम भाव से अपने कारागार में रह सकूँ?

पर्व

तरेरी हुई भौंहें, तने हुए सीने, कसी हुई मुट्ठियाँ
कहाँ गयीं?
भीख माँगते हाथ, झुकी हुई आँखें
खुशामदी अदा, कटी हुई पाँखें—
अदृश्य हथकड़ियों को कंगन की तरह खनकाते हुए—
बेड़ियों को पैंजनी की तरह छनकाते हुए—
ये कौन ठुमक-ठुमक कर नाच रहे हैं?
ये कौन सिले हुए होठों से अविराम अभिनन्दन बाँच रहे हैं?
ये कैसा अजीब त्योहार है मेरे मालिक!
मैं इसमें कहाँ हूँ?

तो क्या शब्दकोश से मिटा दिया गया
एक ग़ैर-ज़रूरी शब्द—स्वतन्त्रता
एक तकलीफ़देह शब्द जो ख़ाहमख़ाह याद दिलाता था—
नीला फैला आकाश, खुली खिड़की, आज़ाद तैरते बादल
पाखी की चहक, झूलती डाली, पहाड़ी नदी
उन्मुक्त चंचल बच्चे
घर लौटते निश्चिन्त बतियाते लोग
अब सहमे हुए लोग बतियाते नहीं
बाँध दी गयी हैं झूमती शाखें
कसी हुई मुट्ठियाँ तरेरी हुई आँखें
रातों-रात बदल गयीं अपने-आप

हवाओं में सिसकता हुआ रुँधे गलों का भयभीत जय-जयकार
परवरदिगार

पर अपनी इस आत्मा नाम की चीज़ का मैं क्या करूँ
क्या करूँ इस एक-एक शब्द का
जिस पर अमिट है तुम्हारे हाथों की हल्दी छाप

□ □

आला रे आला रे आला!
रद्दी काग़ज़, शीशी बोतल वाला!
    आपके घर में जो भी बेकार का सामान हो
    सपने हों, सच्चाई हो, आत्मा हो, ईमान हो
    मत शरमाइए
    बेहिचक ले आइए
    हम उसे तोलकर वाज़िब मोल देंगे
    आपके लिए समृद्धि का द्वार खोल देंगे
ओ हो आप समझते हैं कि आप बहुत बड़े हैं
ईमान में, बुद्धि में, रंग में, रूप में
जनाब! वहाँ मार्केट की सीढ़ियों पर धूप में
बड़े से बड़े बिकाऊ लोग खड़े हैं
गिरती हुई क़ीमतों की परचियाँ लगाये
क्रान्ति की डलियों में समर्पण सजाये
चले आ रहे हैं एक से एक समझदार
    सरे-बाज़ार—

परवरदिगार!
पर इस आत्मा नाम की चीज़ का क्या करूँ
क्या इसे थाल में रखकर पेश करता रहूँ
बेक़सूर मार खाये बच्चे की तरह आख़िर कब तक
डरता रहूँ?

□ □

जिसे पुरखों के अपराजेय ईमान की तरह पाया है
जिसे उगते सूरज के जयगान की तरह गाया है

हर हारती सचाई को बचाने के लिए जो ढाल की तरह उठी है
बड़े से बड़े झूठ के ख़िलाफ़ जो महाकाल की तरह उठी है
वह क्या ज्वार के साथ रेत के पगचिह्न की तरह बह जाएगी?
क्या सिर्फ़ झूठ, सिर्फ़ झूठ, सिर्फ़ झूठ की आवाज़ बाक़ी रह जाएगी?
तो,
परवरदिगार
यह तुम्हारा बुजदिली का त्यौहार
मुबारक हो तुम्हें, मुझे अपने एकान्त में लौट जाने दो
और जो झुके नहीं टूट गये, उनकी
पराजय का विजयगान मन-ही-मन गुनगुनाने दो!

(जब सारा देश एमर्जेन्सी और सेंसरशिप के तले छटपटा रहा था, तब विनोबाजी ने कहा कि इसे हम अनुशासन पर्व के रूप में स्वीकारें)

याद उस शहर की

एक बेअन्त छाँहदार सड़क
घूमती, घाट के ज़रा आगे
डालियों की घनी बुनावट में
रेशमी धूप के ज़री धागे
    झिलमिला कर मुझे बुलाते हैं
    उस शहर की निचाट सड़कों पर

शाम की हर उदास आहट में
कुछ दगाबाज़, पर बहुत प्यारे
दोस्तों के न भूलते चेहरे
    किस क़दर मुझे याद आते हैं
    बेसबब घूमते हुए संग-संग
    उस शहर की निचाट सड़कों पर

साँस में उम्र का प्रथम झोंका—
गर्म, आँसू धुला हुआ, खारा
स्वाद पहला पवित्र होठों का—
देहरी पर टिका उदास बदन
एक ख़ामोश विदा—सूनापन
    ज्यों सरेशाम टूटता तारा
    और बढ़ता अथाह अँधियारा
    उस शहर की निचाट सड़कों पर

क्योंकि

...क्योंकि सपना है अभी भी—
इसलिए तलवार टूटी, अश्व घायल
कोहरे-डूबी दिशाएँ
कौन दुश्मन, कौन अपने लोग सब कुछ धुन्ध धूमिल
किन्तु क़ायम युद्ध का संकल्प है अपना अभी भी
...क्योंकि है सपना अभी भी!

तोड़ कर अपने चतुर्दिक् का छलावा
जबकि घर छोड़ा, गली छोड़ी, नगर छोड़ा
कुछ नहीं था पास बस इसके अलावा
विदा वेला, यही सपना भाल पर तुमने तिलक की तरह आँका था
(एक युग के बाद अब तुमको कहाँ यह याद होगा?)
किन्तु मुझको तो इसी के लिए जीना और लड़ना
है धधकती आग में तपना अभी भी
...क्योंकि है सपना अभी भी!!

तुम नहीं हो, मैं अकेला हूँ मगर
यह तुम्हीं हो जो
टूटती तलवार की झंकार में
या भीड़ की जयकार में
या मौत के सुनसान हाहाकार में
फिर गूँज जाती हो

और मुझको
ढाल-छूटे, कवच टूटे हुए मुझको

—फिर तड़प कर याद आता है कि
सब कुछ खो गया है—दिशाएँ, पहचान, कुण्डल कवच
लेकिन शेष हूँ मैं, युद्धरत मैं, तुम्हारा मैं
तुम्हारा अपना अभी भी

इसलिए तलवार टूटी, अश्व घायल
कोहरे डूबी दिशाएँ
कौन दुश्मन, कौन अपने लोग, सब कुछ धुन्ध धूमिल
किन्तु क़ायम युद्ध का संकल्प है अपना अभी भी
...क्योंकि है सपना अभी भी

अनाम

सख़्त रेशम के नरम स्पर्श की वह धार
उसको नाम क्या दूँ?

एक गदराया हुआ सुख, एक विस्मृति, एक डूबापन
काँपती आतुर हथेली के तले वह फूल-सा तन
हर छुवन जिसको बनाती और ज़्यादा अनछुआ
नशा तन का, किन्तु तन से दूर—तन के पार
अँधेरे में दीखता तो नहीं पर जो फेंकता है दूर तक—
लदबदायी खिली ख़ुशबू का नशीला ज्वार
हरसिंगार-सा वह प्यार
उसको नाम क्या दूँ?

वह अजब, बेनाम, बे-पहचान, बे-आकार
उसको नाम क्या दूँ?

गंगा-लहरी

सदियों से जमी भावनाशून्य बर्फ़ को बूँद-बूँद गलाती
अड़ियल ठस चट्टानों को कण-कण बालू बनाती
काल के अनन्त प्रवाह को हराती
लहर-लहर आगे ही आगे बहती जानेवाली गंगा
अपनी एक लहर, सिर्फ़ एक छोटी-सी लहर मुझे लौटा दो!

सही कहती हो माँ, कि तुम लहर लहर
आगे सिर्फ़ आगे ही बढ़ती हो
लौटना लौटाना तुम्हारी प्रकृति में नहीं
पर कभी ध्यान से देखना—लौटती हैं लहरें
बीच के हहराते जलप्रवाह के दोनों किनारों पर
चुपके लौटती हैं छोटी-छोटी लहरें—
उल्टे थपेड़ों से
तट पर विसर्जित फूलों की झालर बनाती हुई—
उन्हीं में से एक लहर, सिर्फ़ एक लहर ही तो
माँग रहा हूँ माँ!
जलधार के टूटने बनने के इस अनन्त क्रम में
अभी भी कहीं वह एक लहर होगी
जिस पर तिरछी होकर पड़ रही होगी
परछाँही एक दुबली गोरी लड़की की
जिसके हाथों में है एक ताजा गुच्छा लाल कनेर के फूलों का
पानी के काँपने से लड़की के बदन की छाया
कभी दूर चली जाती है लाल फूलों से, कभी आती है पास
कभी-कभी एकमेक हो जाते हैं फूल और बदन और नदी—
नदी रे! दे दे

वह एक लहर मुझे चाहिए ही चाहिए!

जब वह लड़की पहली बार
मेरे घर आयी, बैठी
घुटने सिकोड़े, चारों ओर से बदन को दाबे ढाँके
खुले दीखते थे सिर्फ़ दो ललछौंहे पाँव
और तुम्हारी धूप में तैरती झिलमिली सरीखी
उसके गुलाबी नखों की कटीली आभा

एक पूरी उम्र के बाद
इस पूजावेला में उन पाँवों को अँजुरी भर-भर कर
तुम्हारे जल से धोना चाहता हूँ
इतने लम्बे सफर में इतनी दृढ़ता से अनवरत चले
उन पाँवों पर बैठ गयी होगी
सफर की धूल, राह की थकान, कसक और कभी-कभी भटकन—
इन सब को तुम्हारी लहर का जल नहीं हरेगा तो कौन हरेगा भला?

तुम्हारे जिस रेतीले तट पर
उसके पाँवों की छापें छूट गयी हैं
उसी रेत पर बैठा हूँ अँजुरी फैलाये.......
अगर मुझे वह लहर, एक छोटी-सी लहर
भी तुम न लौटा सकीं ओ अनन्त प्रवाहिनी
तो भी मैं हारूँगा नहीं
रेत में पड़ा धीरे-धीरे रेत भी हो गया
तो तुम्हारे इस रेतीले कछार में
लौटूँगा बन कर वसन्त
और खिलेंगे पीली सरसों की मेड़ पर
कहीं एक गुच्छा लाल कनेर के लाल-लाल फूल!

॥ 'आद्यन्त' से ॥

सुबह का गीत

नये-नये विहान में
असीम आस्मान में—
मैं सुबह का गीत हूँ।
मैं गीत की उड़ान हूँ
मैं गीत की उठान हूँ
मैं दर्द का उफ़ान हूँ
मैं उदय का गीत हूँ
मैं विजय का गीत हूँ
सुबह-सुबह का गीत हूँ
मैं सुबह का गीत हूँ
चला रहा हूँ छिप के
रोशनी के लाल तीर मैं
जगा रहा हूँ पत्थरों के
दिल में आज पीर मैं
गुदगुदा के फूल को
हँसा रहा हूँ आज मैं
ये सूना-सूना आस्माँ
बसा रहा हूँ आज मैं

सघन तिमिर के बाद फिर
मैं रोशनी का गीत हूँ
मैं जागरण का गीत हूँ
बादलों की ओर से मैं
छिप के मुस्कुरा उठूँ
मैं ज़मीन से उड़ूँ
कि आस्माँ पे छा उठूँ
मैं उड़ूँ कि आस्माँ के
होश संग उड़ चलें
मैं मुड़ूँ कि ज़िन्दगी
की राह संग मुड़ चलें
मैं ज़िन्दगी की राह पर
मुसाफ़िरों की जीत हूँ
स्वर्ण गीत ले
विहग कुमार-सा चहक कर
मैं ख़िज़ाँ की डाल पर
बहार-सा महक उठूँ
कण्टकों के बन्धनों में
फूल का उभार हूँ
मैं पीर हूँ मैं प्यार हूँ
बहार हूँ खुमार हूँ
भविष्य मैं महान् हूँ
अतीत हूँ, वर्तमान हूँ
मैं युग-युगों का गीत हूँ
युग-युगों का गीत
मैं सुबह का गीत हूँ!!!

भूखी लाशें

इन लाशों को जल जाने दो
मदद करो मत
इनको अपनी किस्मत पर यों ही रहने दो
अपनी-अपनी चिता सजा कर
ये सब खुद जल मर जाएँगी
इन पर हमदर्दी न दिखाओ!
इनकी जर्जर सड़ी-गली मुर्दार मुट्ठियों में
सोने की मोहरें भरी हुई हैं लेकिन,
इन्हें न छूना
कभी न छूना!
इनके कुत्सित सड़े-गले मुर्दा दिमाग़ में
बड़े-बड़े शब्दों के झूठे आडम्बर हैं
बड़ा-बड़ा दर्शन विज्ञान छाँटते हैं ये
बड़ी गूढ़ ऊँची संस्कृति की बातें करते
उस संस्कृति की जिससे अब बदबू आती है
ये दर्शन विज्ञान संस्कृति बेमानी हैं।

गो यह सच है
ये लाशें लाखों लाखों हैं
ऐसा लगता है जैसे ताक़तवर भी हैं
इनके एक इशारे पर ट्रेनें चलती हैं
मोटर कारें सड़कों पर सर्राटे भरतीं
और जहाज़ समुन्दर के सीने पर चलते
इनके एक इशारे पर ये
मिल के बड़े-बड़े चक्के घहराने लगते

और, हमारी और तुम्हारी जैसी
अनगिन भेड़ बकरियाँ
इन चक्कों में पिसती रहतीं
तिस पर बड़े सौम्य निश्छल, निष्काम भाव से
कहते हैं ये,
"मिल फैक्टरियाँ तो सब ईश्वर की माया हैं!"
यह इन मुर्दों का सबसे बेशर्म झूठ है,
ईश्वर की माया!
हाँ ईश्वर की भी.......
जिसमें ऐसे लाखों मुर्दे पिस जाते हैं
और पिसेंगे कल
यह भी त्तय है!
उस चक्की में हो थोड़ी देर भले
अन्धेर नहीं है।
उस ईश्वर की चक्की पर विश्वास न खोना!

यद्यपि ये तुमको जहाज़ औ' इंजन देंगे
देंगे ग्रामोफ़ोन रेडियो
और विमानों पर बिठला कर
तुम्हें गगन के पार उड़ा कर ले जाएँगे
और कहेंगे–
लो अब तुम हो इस विराट् जीवन के स्वामी
सुनो रेडियो, पिक्चर देखो, कार चलाओ
और सुबह उठ कर अख़बारों में यह देखो
नये-नये बम और जहाज़ निकलते आते।
यह विराट् जीवन है
इसके स्वामी हो तुम!

मगर समझ लो,
ख़ूब समझ लो
यह बिलकुल सफ़ेद झूठ है
इस असत्य को सुनते-सुनते

तुम भी मुर्दों से सफ़ेद होते जाते हो
इसे थूक दो
इस असत्य में बड़ा ज़हर है!
इन ज़हरीली बातों पर तुम ध्यान न देना
ये लाशें तो तुम्हें निगलने को भूखी हैं
ये सोने के दाँतों वाली भूखी लाशें
चाहे जितना हँस कर बोलें
इन पर हर्गिज़ रहम न करना
तुमको बार-बार मैं बतलाता हूँ
ये भूखी हैं।
जब कोई भी मर जाए
तब उसके प्रति
सबसे बड़ा रहम बस यह है
उसको जल्दी से जल्दी
दफ़ना दो
अथवा दाह करा दो
लेकिन हमदर्दी न दिखाओ
चाहे जितने बैंकों में उसका हिसाब हो
चाहे जितने बीमे करवाये हों
लेकिन इन पर
कुछ भी हमदर्दी करने के ये माने हैं
तुम विश्वासघात करते हो,
उन अनजाने बच्चों के प्रति
जो कल अपनी
इस धरती पर
क़दम धरेंगे
तुम उन बच्चों को इन भूखी लाशों
के सिपुर्द करते हो!

मुरली-निर्माण

गड़ने दो
यदि फाँसें गड़ी हैं उँगलियों में :
मुरली बनाने का यह है अनिवार्य क्रम!

फिर इन्हीं उँगलियों के मादक स्पर्शों से
बाजेगी मुरली फिर अपने अनियारे स्वर
नहीं, नहीं, वृथा नहीं गया
    यह सारा श्रम!

सूर्या

क्या यह अँधेरा ही एकमात्र सत्य है?
प्रश्न यह मैंने बार-बार दोहराया है!

उत्तर में कोई कुछ नहीं बोला!

उत्तर में, ओ सूर्या!
तुमको हर बार मैंने अपने
कुछ और निकट, और निकट पाया है!

वापस वसन्त

न हो चन्दन गन्ध से लदी दखिन बयार
न हो नदी के पार कोई पीली सरसों का विस्तार
बस मुझे कुल इतना मिल जाय
धसकती रेत में बित्ता-भर पाँव टिकाने की ठाँव
और सिर पर सिर्फ़ एक पत्ता छाँव
तो मैं खुद अपने लिए एक वसन्त बुन लूँगा

रसमसाई फूल डालियों के बुलावे
अब अगर तुम तक नहीं पहुँचते
और मुझ तक नहीं पहुँचती तुम्हारी गदराई देह की ऊष्मा
छटपटाता हूँ मैं, और शायद अपने को बहकाती भुलाती हो तुम
लेकिन अगर हम अपने मुकाम से खिसक गये हैं
तो इसके मतलब यह तो नहीं
कि शब्दों से खिसक गये हैं अर्थ
घूमता नहीं ऋतुओं का चक्र
या रस नाम की चीज़ हो गयी है व्यर्थ
या अब आता नहीं वसन्त
या सुबह के ठिठुरते कोहरे में उड़ती नहीं हरे सुग्गों की क़तार
या नहीं होता ढलती शाम की धूप में
एक नयी नवेली बदली का सिन्दूरी सिंगार
हम न हों वहाँ, पर ये सब जहाँ के तहाँ हैं
....
बीतते वसन्त में अगर बदा ही है मुझे निर्वासन
तो कोई बात नहीं—अब निर्वासन का तौर-तरीका बदल गया है
अब कोई महल अटारी सेज सज्जा छोड़ कर

वल्कल धारण कर निर्वासन में बनवास नहीं जाता
वह वहीं रहता है,
सिर्फ़ महलों में बन्द करवा दी जाती है शहनाई
ख़ामोश उदास आँगन में उतरती नहीं धूप
अटारी से छीन लिया जाता है उजाला
सेज से निचोड़ दिया जाता है रस
फूलों से छिन जाती है महक
पीपल की नयी कोंपल से ताँबई लहक
छीन ली जाती है अन्तरंगता, उमंग, चुहल, चहक
रहो आराम से इस पथरीले महल में
जहाँ कंगूरे हैं, नक़्क़ाशी है, ख़ज़ाना है, यादें हैं
और कुछ नहीं है

....

और अगर न रहूँ यहाँ
घर से प्रताड़ित निर्दोष ज़िद्दी बच्चे की तरह भाग निकलूँ
देखूँ कि वसन्त में सिर्फ़ पीली सरसों ही नहीं
बबूल भी खिलाता है पीले, रोएँदार, मुलायम गोल फूल
जिनके पीछे छिपे होते हैं लम्बे नुकीले ज़हरीले काँटे
और यही वसन्ती बबूल का बियाबान मुझे बुलाये
और मैं काँटों में लहूलुहान बढ़ता जाऊँ
खोजते हुए अपना वह गाँव, जहाँ मैं एक दिन अनायास
कोकाबेली की तलैया के पास
छोड़ आया था अपना बचपन
बचपन के वसन्त को वापस बुलाने के लिए
लगाऊँगा गुहार
बार-बार बार-बार
कि शायद गुहार सुनकर लौटे रूखे बालों को छेड़ती बिखराती वसन्ती बयार
कि शायद गुहार सुनकर लौटें
अधकुतरे अमरूदों पर फुदकते तोतों की क़तार
या उमंग, या नशा, या मदहोशी, या प्यार

कुछ नहीं लौटता

लौटती है सिर्फ़ बियाबानों से टकरा कर
अपनी ही गुहार
आख़िरकार वही अकेलापन शाम ढले
समझा-बुझा कर लौटा ले जाता है वापस वहीं
जहाँ महल है, अटारी है, कंगूरे हैं, नक़्क़ाशी है
ख़ज़ाने हैं, सन्नाटा है, यादें हैं
और
कुछ नहीं है!

सफ़रनामा

मैंने घर छोड़ा, ओढ़ा देश निकाला
जाने किसकी तलाश में अलख जगाया
वीराने छाने जंगल-जंगल भटका
पागलपन मुझ पर बीहड़ राहों का था
इस पागलपन के जाने क्या थे माने

सब समझे मैं हूँ नये गगन का पाखी
सब समझे मैं कुछ नया ढूँढ़ कर लाया
सच तो यह है मैं आज बता दूँ सब को
मैं पंख पसार उड़ा जितनी दूरी तक
वह सारा क्षितिज तुम्हारी बाँहों का था
इन होठों से जितना जो कुछ रस पाया
उसको ही अपना गीत बना कर गाया

अब शाम उतर आयी है पथ धुँधलाया
धीरे-धीरे उदास अँधियारा छाया
राहें पगडण्डी सब होती जातीं गुम
अब मेरे और क़रीब और क़रीब चलो तुम
जिस मन की मधुराई, तन की उजराई
मुझको सँभाल कर इस मुक़ाम तक लायी
वह क़दम-क़दम करती उजियार चलेगी
यह यात्रा जनम-जनम के पार चलेगी.......

□□□

वाणी प्रकाशन ग्रुप

भारतीय ज्ञानपीठ

वाणी प्रकाशन : भारतीय ज्ञानपीठ की पुस्तकों के एकमात्र प्रकाशक एवं वितरक